Starks-Sture Verlag
Bücher die das Leben schreibt

Weil du mir gehörst!
Borderline-Partner im Kampf um ihr Kind
Manuela Rösel

ISBN 978-3-939586-14-2

2. unveränderte Auflage
© 2016 Starks-Sture Verlag
Anna Starks-Sture
Sonnenstraße 12, D-80331 München
www.starks-sture-verlag.de

Titelfoto: iStockfoto
Titelgestaltung: Thomas Mayer Marketing & Verlag
Druck: PBtisk, Pibram

Das Werk einschließlich aller Abbildungen ist urheberrechtlich geschützt. Jede Verwertung außerhalb der Grenzen des Urheberrechtsgesetzes ist ohne Zustimmung des Verlages unzulässig und strafbar. Das gilt besonders für Vervielfältigungen, Übersetzungen, Mikroverfilmungen und die Einspeicherung und Bearbeitung in elektronischen Systemen.

Weil du mir gehörst!

Borderline-Partner im Kampf um ihr Kind

Manuela Rösel

*Ich will dich doch nur beschützen ...
Ohne mich bist du verloren,
nur mit mir kannst du überleben.
Gib mir deine Hand,
ich führ dich hier hinaus ...*

(Rapunzel – Märchen der Gebrüder Grimm)

Inhaltsverzeichnis

Vorwort   7

1. Wenn Borderline-Familien zerbrechen
Die Borderline-Persönlichkeitsstörung   10
Das Erleben des Kindes   14
Das Kleinstkind im Kontakt mit instabilen Bezugspersonen   16
Borderline-Mütter, Borderline-Väter   18
Typische Borderline-Verhaltensweisen und Konsequenzen
für die kindliche Entwicklung   21
Wenn Partner sich getrennt haben   26
Der Kampf um das Kind   30
Kindesentfremdung, ein typischer Borderline-Verhaltensmechanismus   32
Warum?   36
Weitere borderline-typische Maßnahmen im Kampf um das Kind   38
Wie gehe ich damit um?   41
Wo kann ich Unterstützung finden?   45

2. Im Gespräch mit ...
... der Leiterin eines sozialpsychiatrischen Dienstes   47
... einer Rechtsanwältin für Ehe- und Kindschaftsrecht   49
... der Geschäftsführerin eines freien Trägers der Jugendhilfe in Berlin   58
... einer Mitarbeiterin des Jugendamtes München   63

3. Eine reale Geschichte
  68

4. Mein Kind verstehen – Fragen und Antworten
  98

5. Schluss
  124

Liste resilienter Strategien   126
Begriffserklärungen   128
Quellenverweis und empfehlenswerte Literatur   130
Autorenangaben   132

Vorwort

In meinem letzten Buch, „Mit zerbrochenen Flügeln", habe ich mich auf die Problematik der Kinder konzentriert, die mit Borderline-Verhaltensweisen Ihrer Eltern konfrontiert werden. Ihr Erleben, ihre Ängste, die Verlassenheit und Einsamkeit sowie die Konsequenzen ihrer Erfahrungen für die Entwicklung der eigenen Persönlichkeit standen in diesem Buch im Mittelpunkt. Ich erhielt viele bedrückende Resonanzen, sowohl von mittlerweile erwachsenen Kindern betroffener Eltern als auch von Elternteilen, die als Partner in entsprechende Beziehungen eingebunden waren. Letztere haben, neben der Aufarbeitung der schmerzhaften Beziehungserfahrungen und der Auseinandersetzung mit eigenen Anteilen, sich oft auch der Verantwortung für gemeinsame Kinder zu stellen. Was sich bei Trennungen in von Borderline unbelasteten Beziehungen mitunter schon als schwierig erweist, sind Umgangs- und Sorgerechtsregelungen, die ja auch psychisch gesunde Menschen immer wieder mit der gescheiterten Beziehung konfrontieren und so auch schmerzhaft und Angst erfüllend sein können. Was aber bringt die Trennung von einer Borderline-Persönlichkeit mit sich? Wie wirken sich hier Abspaltungsmechanismen und Schwarz-Weiß-Denken aus? Welche spezifischen Konsequenzen ergeben sich aus den typischen Borderline-Verhaltensweisen sowohl für das Kind als auch für den Elternteil, der um sein Kind kämpft.

Die Probleme, mit denen Väter oder Mütter konfrontiert werden, die sich aus einer Borderline-Beziehung gelöst haben, sind ebenso komplex, chaotisch und unkontrollierbar, wie die Störung selbst. Wenn es etwas gibt, was die aus einer derart spezifischen Beziehung entstehende Ohnmacht, Angst, Panik und Verlassenheit noch potenzieren kann, ist es die Erkenntnis, dass die aus der Bindung entstandenen Kinder den gleichen zerstörerischen Mechanismen ausgesetzt sind, denen man als erwachsener Mensch selbst kaum gewachsen war. Dass anscheinend kein Außenstehender in der Lage ist, die Dramatik der Situation zu erkennen, und sich jegliches Bemühen um das Kind als endloser Kampf gegen ein chaotisches Netz aus Manipulationen und Intrigen erweisen kann.

Viele Eltern geben in derartigen Situationen auf und überlassen ihr Kind seinem Schicksal. Dies ist eine Entscheidung, mit der die Betreffenden dann leben müssen und für die sie einst von ihren Kindern wahrscheinlich auch in die Verantwortung genommen werden. Die Frage nach dem dann oft gestellten „Warum?" lässt sich nur schwer beantworten. Menschliche Schwäche, Angst vor andauernden Konfrontationen, denen sich Väter oder Mütter nach auslaugenden Borderline-Beziehungen einfach nicht mehr stellen können, sind nur einige der Gründe, warum Eltern ihr Kind bei einer Borderline-Persönlichkeit zurücklassen.

Ich begegne in meiner Arbeit aber auch immer wieder engagierten Eltern, die sich sowohl mit der Thematik, als auch mit ihren eigenen Anteilen auseinandersetzen. Die sich ihrer Verantwortung bewusst sind und sich ihr auch stellen. Ganz im Vertrauen darauf, dass sie Ansprechpartner und Unterstützung in öffentlichen Behörden finden werden, da die offensichtlichen Geschehnisse und Probleme doch deutlich zeigen, in welcher Gefahr sich ihr Kind befindet.

Und ich erlebe immer wieder die maßlose Enttäuschung dieses Vertrauens, die beständig anwachsende Verzweiflung angesichts Unverständnis, Kurzsichtigkeit, mangelnder Information und schlichtem Schubladendenken. Die Hoffnung auf Unterstützung geht nur allzu oft in der Konfrontation mit fehlender Kompetenz, mangelndem Verständnis oder schlichtem Desinteresse verloren. Das Empfinden der Aussichtslosigkeit und blanken Ohnmacht, angesichts der anscheinend fruchtbaren intriganten Manipulationen von Gutachtern und Ämtern, lähmt oft selbst den verantwortungsvollsten Elternteil und zwingt ihn aufzugeben, was ihm am wichtigsten ist: sein Kind.

Im vorliegenden Buch setze ich mich mit den typischen Problemen auseinander, die sich aus der Trennung einer Borderline-Elternbeziehung ergeben. An einem besonders prägnanten, authentischen Fall, in dem ich den Vater durch einen Teil des Prozesses im Kampf um sein Kind begleitet habe, zeige ich die äußerst dramatischen Verwicklungen auf, denen der Vater im Kampf um sein Kind ausgesetzt war.

Dieser Fall ist, wie ich hoffe, in seiner Eindringlichkeit nicht als typisch anzusehen. Mit dem Ansprechen der offensichtlichen Defizite amtlicher Helfer möchte ich die Leistung dieser auf keinen Fall verallgemeinern. Es gibt unzählige verständige Jugendamtsmitarbeiter, Verfahrenspfleger, Familienhelfer und Gutachter, die sich oft weit über ihre Kräfte engagieren. Mir ist auch bekannt und bewusst, dass sich viele Borderline-Betroffene kompetente Hilfe im Umgang mit der Situation suchen, um zu lernen, sich der Verantwortung für ihr Kind zu stellen. Auch ich möchte nichts schwarz-weiß darstellen, es existieren sicher viele Grauzonen, in denen von vielen Seiten Lösungen für Betroffene, deren Partner und deren gemeinsame Kinder gefunden werden.

Trotzdem erlebe ich in meinem Alltag immer wieder die typische Ratlosigkeit und Verzweiflung kämpfender Eltern, die sich nicht nur allein fühlen, sondern auch allein gelassen werden. Diese möchte ich mit meinen Möglichkeiten unterstützen.

In Interviews zur Thematik überlasse ich auch involvierten Personen aus helfenden Bereichen das Wort, so dass Sie auch Einblick in die verantwortungsvolle, oft unzureichend gestützte Welt der Helfenden nehmen können.

Schließlich setze ich mich auch mit den immer wieder präsenten Fragen von Eltern auseinander, die aus deren Umgang mit ihren Kindern entstehen. Oft sehen sie sich, mit den anscheinend unverständlichen Verhaltensweisen ihrer Kinder konfrontiert, überfordert. Ihr Bedürfnis, ihr Kind zu verstehen und in seiner schwierigen Situation optimal zu unterstützen, motiviert sie zur Auseinandersetzung mit dem Erleben ihres Kindes. Indem ich Ihnen sowohl in die Fragen als auch in die Antworten Einblick gewähre, ermögliche ich Ihnen vielleicht auch Verständnis für das ein oder andere scheinbar unerklärliche Verhalten Ihres Kindes, sollte sich dieses in einer ähnlichen Lebenssituation befinden.

Wie immer ist es mein Ziel, klärend einzuwirken, aber auch das sichtbar zu machen, was nicht gern gesehen wird. Mag es in der Erkenntnis für Sie als Leser auch schmerzhaft sein oder zum Nachdenken anregen, ich hoffe, dass dieses Buch Sie auf Ihrem ganz persönlichen Weg unterstützen wird.

Manuela Rösel

April 2010

1. Wenn Borderline-Familien zerbrechen

Die Borderline-Persönlichkeitsstörung

Eine Borderline-Störung liegt mit großer Wahrscheinlichkeit dann vor, wenn ein Mensch unter mindestens fünf der folgenden neun Symptome leidet, (diagnostisches und statistisches Manual psychischer Störungen – DSM-IV):

1. **Selbstschädigende Verhaltensweisen**
   (Alkohol, Drogen- und Medikamentenmissbrauch, Kleptomanie, Kaufsucht, Promiskuität, nachlässige gesundheitliche Selbstfürsorge, Nahrungsmittelmissbrauch, riskante Sportarten u. ä.). Derartige Verhaltensweisen resultieren zumeist aus impulsiven Stimmungsschwankungen, Frustrationen, gestörten Beziehungen oder der Kompensation von schmerzhaften Emotionen und der aus der fehlenden oder eingeschränkten Identität resultierenden Leere.
2. **Starke Stimmungsschwankungen**
   Für Außenstehende oft unerklärliche Stimmungswechsel von Euphorie in Depression, Reizbarkeit oder Angst und Aggressivität. Die Betroffenen sind sich der Stimmungswechsel dabei kaum bewusst. Sie reagieren häufig unmittelbar auf plötzliche Impulse (Flashbacks, Interpretationen, Fremd- und Selbstbewertungen, unbewältigte Ängste, Traumata), die oft in keinem Zusammenhang mit der augenblicklichen Realität stehen. Wut kann dabei nur schlecht kontrolliert werden und wird oft unmittelbar ausgelebt.
3. **Unbeständige und unangemessen intensive zwischenmenschliche Beziehungen**
   Beziehungen im Sinne von „sich aufeinander beziehen" existieren für Borderline-Persönlichkeiten nicht. Betroffene identifizieren sich projektiv mit ihrer Bezugsperson und existieren durch dessen Reflektion. Dabei erfolgt zunächst eine extreme Idealisierung der Bezugsperson, die aber unvorhersehbar in Abwertung und Entwertung umschlagen kann. Borderline-Persönlichkeiten sind nicht in der Lage, ihren Partner als eigenständige Persönlichkeit zu tolerieren. Ihre Neigung, mit ihrem Partner zu verschmelzen, d. h. sich über diesen zu definieren und sich als Einheit mit ihm wahrzunehmen („Ich bin du und du bist ich"), fordert bedingungslose Verfügbarkeit. Fehlende Objektkonstanz verhindert die Fähigkeit, den Partner auch dann als zugewandt zu erleben, wenn dieser als eigenständiges Individuum auftritt und nicht deckungsgleiche Emotionen, Bedürfnisse oder Verhaltensweisen zeigt. Jede Form einer inter-

pretierten Zurückweisung wird als massive Bedrohung registriert, die zu Distanz, Abwertung und zügelloser Wut führen kann. Oft trennen sich die Betroffenen abrupt, um nach kurzer Zeit den Kontakt durch eine neue Idealisierung wieder aufzunehmen.

4. **Unangemessene Zornesausbrüche**
Borderline-Persönlichkeiten neigen zu heftigen Wutausbrüchen, die sie in ihrer Intensität kaum kontrollieren können. Häufig stehen die Auslöser dieser Ausbrüche in keinem Verhältnis zur Heftigkeit der Reaktion oder sind mitunter gänzlich nicht nachvollziehbar. Ursächlich sind für den Betroffenen bedrohliche innere oder äußere Impulse, die Spannungen und Angst vor dem Verlassenwerden (und somit vor der Vernichtung) erzeugen.

5. **Selbstverletzungen, Suizidversuche**
Selbstverletzungen werden von Betroffenen oft als Regulationsmöglichkeit innerer Spannungen genutzt. Der ständig präsente innere Druck wird dann z. B. über Schnitt- oder Stichverletzungen oder exzessiven Alkohol- oder Drogenmissbrauch kompensiert. Selbstverletzungen entstehen oft aus selbstschädigendem Bestrafungsverhalten und können in ritualisiertes Verhalten münden. Mitunter schließt sich das suizidale Verhalten (Drohungen und Versuche) nahtlos an, wenn die Entlastung entweder nicht eintritt oder die Aktion als Manipulation von Bezugspersonen keinen Erfolg zeigt. In der Regel ist derartiges Verhalten als Hilferuf zu verstehen.

6. **Fehlen eines klaren Ich-Identitätsgefühls**
Eines der grundlegenden Symptome ist die andauernde Identitätsstörung (Störung des Selbstbildes) der Betroffenen, die sich in ihrer Rolle und ihrem Wert als Mann oder Frau nutzlos und liebensunwert empfinden. Die Identität eines Menschen enthält ein konstantes Gefüge an Werten, welches den Betroffenen nicht zur Verfügung steht. Orientierungslosigkeit in allen Lebensbereichen und Zielsetzungen, mit der Konsequenz eines verzerrten Selbstbildes und innerlichen Fremdgefühls. Eigenschaften wie Intelligenz und Attraktivität werden nicht als konstantes Gut betrachtet, sondern müssen ständig neu verdient und im Vergleich mit anderen beurteilt werden, was wiederum ursächlich für den andauernden Druck ist. Selbstachtung und Selbstwert basieren aus diesem Grund nicht auf selbst erbrachten Leistungen sondern auf aktuellen (Miss-)Erfolgserlebnissen und Bewertungen Außenstehender. Der ständige Veränderungsdrang im beruflichen und privaten Bereich findet hier seine Ursache.

7. **Chronische Langeweile und Leere**
Das Empfinden innerer Leere resultiert direkt aus dem fehlenden Bezug zu sich selbst. Die Leere der fehlenden Identität, das empfundene „Ich

bin nicht" erzeugt quälende Sinnlosigkeit und unstillbare Langeweile. Das verzweifelte Bemühen, diesen Empfindungen zu entgehen, endet häufig in selbstschädigendem Verhalten oder enttäuschenden Beziehungen.

8. **Verzweifelte Bemühungen, die reale oder eingebildete Angst vor dem Verlassenwerden zu vermeiden**
Das fehlende Identitätsempfinden der Borderline-Persönlichkeit treibt sie in Abhängigkeit von Bezugspersonen, mit deren Verlust sie das Gefühl für die Realität der eigenen Existenz verlieren. Im Alleinsein bleiben die Reflektionen aus, welche die Borderline-Persönlichkeit braucht, um sich real zu fühlen. Selbst vorübergehendes Alleinsein wird häufig als endgültig empfunden und stellt daher eine starke Bedrohung dar. Die mit dem Verlassenwerden einhergehenden und als lebensbedrohlich empfundenen Ängste, motivieren die Betroffenen zu verzweifelten Bemühungen, diese Situation abzuwehren. Oft nutzen sie dann drastische Mittel wie die Manipulation nahestehender Personen, Selbstverletzungen oder suizidale Verhaltensweisen. Häufig werden aber auch zerstörerische und unglückliche Beziehungen toleriert, die mitunter bis zur Selbstaufgabe fortgesetzt werden. Werden Borderline-Persönlichkeiten dennoch verlassen, durchleben sie zumeist tief gehende emotionale Krisen mit verstärkter Symptomatik.

9. **Stressabhängige paranoide Fantasien oder schwere dissoziative Symptome**
In schwierigen und unerträglichen Situationen geraten Borderline-Persönlichkeiten oft in dissoziative Zustände, in denen sie sich dem Erleben der unerträglichen Realität entziehen. Gelegentlich leiden die Betroffenen auch an psychotischen Episoden, Störungen der Wahrnehmung, des Körpers und des Denkens. Zumeist resultieren derartige Symptome aus starker emotionaler Erregung in denen sich die Betroffenen als Ich-fremd erleben. Mit abklingender Erregung verliert sich diese Symptomatik zumeist auch wieder.

Bitte bedenken Sie, dass nicht jede Borderline-Persönlichkeit unter allen Symptomen leidet und diese bei jedem Betroffenen andere Ausprägungen annehmen können!
Wie sich aus den aufgezeigten Symptomen unschwer schlussfolgern lässt, sind Borderline-Persönlichkeiten nicht bzw. nur stark eingeschränkt in der Lage, soziale Bindungen oder zwischenmenschliche Beziehungen aufrecht zu erhalten. Solange eine Borderline-Persönlichkeit, innerhalb einer Bindung in keiner Weise gefordert, frustriert oder in ihren Defiziten (Selbst- und Fremdwahrnehmung, mangelnde Objektkonstanz, Nähe und Distanzproblematik) berührt wird, kann sie durchaus eine Beziehungsfähigkeit vermitteln. Sobald

es aber darum geht, eine Balance im sozialen Miteinander zu finden, in der auch der Bezugsperson ein Recht auf ihre Bedürfnisse zugestanden wird, zerstören die typischen, symptomatischen Verhaltensmuster die soziale Bindung. Im Grunde zeigt sich hier ein selbstschädigendes Verhalten, welches sich in seiner Konsequenz am nachhaltigsten und zerstörerischsten für die Borderline-Persönlichkeit selbst auswirkt. Trotz ihrer Abhängigkeit von der zugewandten Reflektion anderer, inszeniert sie immer wieder dramatische Konflikte, die letztendlich zur Zurückweisung durch den Partner führen. Das daraus resultierende Abgetrenntsein, die Einsamkeit, das Chaos und der Schmerz korrigieren das vertraute Selbst- und Weltbild. Letztlich schafft sich die Borderline-Persönlichkeit so, in einer endlosen sich immer wiederholenden Inszenierung, die einzige ihr bekannte Sicherheit. Die Reaktionen ihrer Umwelt ermöglichen ihr nicht nur, sich das bedrohliche, feindliche Weltbild zu erhalten, sondern auch das vertraute Selbstbild der eigenen Wertlosigkeit aufrecht zu erhalten.

Da Bezugspersonen und somit auch Kinder ausschließlich in der Verschmelzung mit der eigenen Person toleriert werden, erleben diese so das chaotische, emotionale Erleben der Borderline-Persönlichkeit in all ihren Facetten mit.

Erwachsene Bezugspersonen haben durchaus die Chance, sich den zerstörerischen Borderline-Verhaltensmustern zu entziehen. Sie sind bzw. sollten in der Lage sein, die Funktionalität ihrer Beziehungsmuster und die Konsequenzen für das eigene Leben zu erkennen und darauf selbstfürsorglich und abgrenzend zu reagieren. Kinder, die sich aber in Abhängigkeit zu ihren Eltern erleben und auf deren Fürsorge noch angewiesen sind, sind dazu nicht in der Lage. Besonders drastisch sind die Konsequenzen für involvierte Kinder dadurch, dass sie bereit sind, die Verantwortung für das Erleben Ihrer defizitären Eltern zu tragen. Um die bedrohliche Erkenntnis abzuwehren, dass Mutter oder Vater nicht in der Lage ist, ihrer elterlichen Versorgung nachzukommen, sind sie eher bereit, sich selbst als mangelhaft und liebensunwert wahrzunehmen. Ihr Überlebensmechanismus, der sich ganz allein auf das Überstehen des jetzigen Momentes konzentriert, akzeptiert die tragische und falsche Erkenntnis des Kindes „schuld", falsch und verantwortlich zu sein. Dem verantwortungsabweisenden Borderline-Elternteil bietet dies die perfekte Grundlage für die Projektion eigener verhasster oder abgelehnter Eigenschaften auf das Kind. Letztlich das Sprungbrett dafür, dieses als Ventil für ausagierendes Verhalten zu missbrauchen …

Das Erleben des Kindes

Wenn ein Kind geboren wird, ist es noch völlig unfähig, sich in der Welt zu orientieren. Es besitzt außer dem angeborenen Überlebenstrieb noch keinerlei bewusste Fähigkeiten, für sich zu sorgen. Wie ein Schwamm saugt es jede Information darüber, wie die Welt und das Leben funktionieren, in sich auf, um sich so eine Orientierung zu schaffen und für das eigene Überleben zu nutzen. Es ist zwingend darauf angewiesen, dass ihm seine Bezugspersonen vermitteln, dass es in seiner emotionalen Bedürfnisäußerung (die immer und ausschließlich der Lebenserhaltung dient) in Ordnung ist. Es ist abhängig von der Reflektion der Erwachsenen auf seine Möglichkeiten, sich mitzuteilen (Schreien, Weinen, Lachen), weil es nur so erfahren kann, wie es selbst und das zwischenmenschliche Verstehen und Miteinander funktionieren. Ein Kind, dessen Weinen ignoriert wird, kann aus reinem Überlebenstrieb nur das Schreien als Verstärkung seines Bedürfnissignals nutzen. Erfährt es daraufhin Strafe oder weitere Ignoranz, hat es keine andere Chance, als sich selbst und auch die anderen als bedrohlich wahrzunehmen.

Ein Säugling wird im Kontakt mit seinen gesunden, verantwortungsbewussten und reifen Eltern mit gleichbleibenden, stabilen Signalen konfrontiert werden. Er wird sowohl mimisch wie sprachlich liebevoll reflektiert, denn dessen Eltern sind sich darüber bewusst, dass ihr Kind aus eigener Bedürftigkeit weint oder schreit. Sie erleben ihr Kind nicht als bedrohlich und sind ohne jede Frustration in der Lage, dessen aktiven Überlebenstrieb anzuerkennen und wertzuschätzen. Im Nachfolgenden möchte ich Ihnen das Erleben eines solchen Säuglings durch eine rein fiktive Darstellung verdeutlichen. Natürlich sind derartige kognitive und rein gedankliche Abläufe bei einem wenige Wochen alten Kind nicht möglich. Sein emotionales, nicht begriffliches Erleben aber registriert jedes eigene Defizit und die darauf folgenden oder nicht folgenden Reaktionen seiner Bezugspersonen:

Es ist dunkel. Auch wenn ich die Augen aufmache, sehe ich nichts, das macht mir unglaubliche Angst. Ich kann auch nichts hören, wo ist der Herzschlag meiner Mutter, wo ihr Geruch und ihre warme Haut? Wenn sie nicht da ist, werde ich nicht überleben. Ich rudere mit meinen Ärmchen, vielleicht kann ich sie finden, aber da ist nichts. Vielleicht kommt sie, wenn ich wimmere, sie muss kommen, denn ich bekomme immer mehr Angst. Nichts. Es bleibt still und dunkel. Ich werde sterben. Panik, Todesangst, unglaubliche Leere, jetzt schreie ich aus vollem Hals, ich schreie um mein Leben. Da, das Dunkel ist auf einmal weg, ihre Stimme ist da, ihr Gesicht auf einmal ganz nah, ich kann sie riechen, sie sieht mich an, und ich sehe, dass sie mich versteht. Mir wird ganz leicht, alles ist in Ordnung, ich bin in Ordnung und meine Mama auch. Sie ist da, und ich weiß, dass alles gut ist. Ich bin in Sicherheit. Wenn ich schreie, dann kommt sie und das ist gut so. Jetzt weiß ich, was ich tun kann, damit ich leben kann. Es geht mir gut damit, also bin ich gut und meine Mama auch.

Unschwer zu erkennen ist der aktive Mechanismus des Abspaltens, der das Kind noch mit seiner Mutter verbindet. Diese hier noch notwendige symbiotische Verschmelzung, bewahrt das Kind vor einem Dauerzustand des Abgetrenntseins und so auch vor extremen Stresszuständen. Im Hintergrund der o. g. Darstellung erhält das Kind die für unsere Zivilisation typische positive stabile Fürsorge. In seinem jeweiligen Defizit wird ihm vermittelt, dass es sowohl in seinem Anspruch, als auch in seinem Verhalten verstanden und akzeptiert wird. Auch wenn diese beständige und zugewandte Fürsorge in unserer Gesellschaft als Optimum an Versorgung und Zuwendung für das Kind bewertet wird, ist auch diese stark defizitär. Sie mag als „normal" gelten, natürlich und der Bedürftigkeit des Kindes angepasst ist sie aber nicht! In unserer Zivilisation ist es regulär, dass Kinder nicht beständigen Körperkontakt zur Mutter erfahren und immer wieder separiert werden (Bettchen, Kinderwagen, eigener Raum). Dabei erfährt das Kind auch immer wieder den Zustand des Abgetrenntseins (existenziell bedrohliche Verlassenheit) und die damit verbundene Todesangst im Wechsel mit dem Versorgtwerden und dem Aufheben des lebensbedrohlichen Zustandes. Dieser Wechsel zwischen den beiden Extremen festigt auch die Erfahrung des Kindes, sich und die Welt immer wieder als gut oder schlecht, bzw. als bedrohlich oder sicher, zu erfahren. Jede damit verbundene Information, sowohl aus dem inneren Erleben (Emotionen) als auch aus der Verarbeitung äußerer Informationen („So funktioniert die Welt") wird unauslöschlich abgespeichert. („Ich bin o.k. - Du bist o.k.", Thomas A. Harris) und sichert dem Kind schnellen Zugriff auf lebenserhaltende Maßnahmen. Aus diesen Erlebensmustern bildet das Kind bis zum dritten Lebensjahr eine Lebensanschauung aus, die ihm hilft, die eigene Position in der Welt und die Welt an sich zu bestimmen, um in ihr überleben zu können.

Diese Weltanschauung begleitet das Kind in der Regel durch sein ganzes Leben. In der Konsequenz heißt das, dass jeder defizitäre Zustand eines Kleinstkindes und die Reaktion darauf eine lebenslange richtungsweisende Bedeutung haben.

Ein Umstand, der erklärt, warum so viele Menschen aus scheinbar stabilen, fürsorglichen Elternhäusern Defizite im Umgang mit sich und anderen entwickeln. Das, was wir als behütetes, liebevolles und zugewandtes Elternhaus erfahren, ist zumeist bereits in seinem Kern so mangelhaft, dass unsere Kinder, wenn auch nicht bewusst, massiven Misshandlungen ausgesetzt sind. Ihr Urvertrauen verliert an Substanz, bevor es eine Chance hatte, sich zu entfalten („Auf der Suche nach dem verlorenen Glück", Jean Liedloff).

Wenn dies also der gesellschaftlich anerkannten, liebevollen Versorgung eines Säuglings entspricht, wie sieht das Erleben dann für ein Kind aus, dessen Bezugsperson von der Borderline-Problematik betroffen ist?

Das Kleinstkind im Kontakt mit instabilen Bezugspersonen

Die Borderline-Persönlichkeit entwickelt aus ihrer Symptomatik heraus typische Verhaltensmuster, die sich auf zwischenmenschliche Kontakte zwar massiv zerstörerisch auswirken, in ihrem Kern aber eine rein selbsterhaltende und selbstschützende Funktion einnehmen. Der Abspaltungsmechanismus, die schwache bis fehlende Identität, die extreme Angst vor dem Verlassenwerden, zeigen deutlich die tief infantile Persönlichkeitsstruktur der Borderline-Persönlichkeit. In ihrem Wesen selbst in kleinstkindlicher Bedürftigkeit verharrend, sucht sie die Verschmelzung mit ihren Bezugspersonen um, ähnlich wie das abhängige Kind, sein Überleben zu sichern. Ebenso infantil fordert sie die bedingungslose Verfügbarkeit und Bedingungslosigkeit ein, in der verinnerlichten Annahme, allein nicht überlebensfähig zu sein.

Das evolutionäre Recht eines Kleinstkindes, die eigenen Bedürfnisse in den absoluten Vordergrund zu stellen, veranlasst die Borderline-Persönlichkeit ihr Kind immer dann, wenn dessen Bedürftigkeit der eigenen widerspricht, als Konkurrenz in einem Überlebenskampf wahrzunehmen. Das involvierte Kind hat nur dann ein Recht auf sein Bedürfnis, wenn dieses der instabilen Bedürftigkeit seines Borderline-Elternteils möglichst entspricht. Steht die berechtigte Forderung des Kindes aber im Widerspruch zur Akzeptanz seines Borderline-Elternteils, wird es mit Zurückweisung, Ignoranz und ausagierenden, bestrafenden Verhaltensweisen konfrontiert. Letztendlich kann es so auch nicht erfahren, dass es ein Recht auf seine Bedürftigkeit hat. Stabile Zuwendung und Spiegelung sind für das Kind gleichbedeutend mit Sicherheit und Überleben. Instabilität aber birgt eine dauerhafte, existenzielle Bedrohung in sich.

Die stabile Spiegelung eines Kleinstkindes ist eine der wichtigsten Orientierungsmöglichkeiten des Kindes in der Welt. Im Prozess des Spiegelns, passt sich die Bezugsperson in ihrer Mimik, Körpersprache oder ihrem verbalen Ausdruck dem Ausdruck des Kindes an. Dadurch erfährt dieses nicht nur, dass es in seinen Ansprüchen richtig ist, sondern gleichzeitig, wie es dem instinktiven Drang gerecht werden kann, selbst für sein Überleben zu sorgen. Schreien, weinen, strampeln, lachen, glucksen, krähen ... all dies sind Ausdrucksformen des Kindes, Bezugspersonen zur Fürsorge zu motivieren. Es ist abhängig von den Informationen seiner Außenwelt, wann was hilfreich ist. Ohne die Vermittlung einer klaren und stabilen Orientierung von außen ist es seiner Hilflosigkeit ausgeliefert. Es wird den Eindruck entwickeln, überlebensunfähig zu sein und im Dauerzustand des Abgetrenntseins entweder lethargisch aufgeben oder einem permanenten Dauerstress ausgesetzt zu sein.

Da wir auf unser Erleben in den ersten Lebenswochen und Monaten keinen bewussten Zugriff (Erinnerungen) haben, schlussfolgern wir oft auch irrtümlich, dass die Erfahrungen dieser Zeit keinen Einfluss auf unsere Verhaltensweisen, Muster und Wahrnehmungen haben. Tatsächlich aber speichern wir in dieser Zeit jedes Erleben (!) unlöschbar in uns ab. Gerade in den ersten Lebensjahren baut das menschliche Gehirn seine Struktur auf. Durch jede Erfahrung (Interaktion zwischen Kind und Umwelt) reagieren Tausende von Gehirnzellen. Es bilden sich neue Zellen und bereits bestehende Verbindungen werden intensiviert. Sich immer wiederholendes Erleben prägt regelrechte neuronale „Bahnen". Ähnliche Signale folgen dann dem Weg, der eine möglichst schnelle Weiterleitung der Signale zulässt. Ab einer bestimmten Ausbildung dieser Bahnen wird diese dann auf Dauer (bis in das Erwachsenenalter hinein) beibehalten. Dabei werden die Neuronen, die an diesen Bahnen angrenzen, immer größer, sie bilden immer mehr Dendriten (Verbindungen zwischen Zellen) aus, welche zu immer mehr anderen Nervenzellen führen. Diese Prozesse ermöglicht eine immer effizientere Verarbeitung von Informationen und dienen so dem Überleben.

Was aber, wenn dem Kind ständig widersprüchliche Informationen und Signale vermittelt werden? Wenn sein Weinen einmal reflektiert und angenommen und ein anderes Mal ignoriert oder bestraft wird. Wenn es immer stärker Desorientierung erfährt und in der Konsequenz nicht in der Lage ist, zum eigenen Überleben beizutragen? Chaos statt Orientierung sind gleichbedeutend mit Tod statt Überleben!

Der Körper des Kindes wird in einen Zustand der ständigen Alarmbereitschaft, Erregung und Achtsamkeit versetzt. Die Stresshormone Adrenalin und Cortison werden ausgeschüttet, überfluten das sich entwickelnde Gehirn und können es irreparabel schädigen. Seine Herz und Atemfrequenz steigt, seine Muskeln sind massiv gespannt, es wird steif, bäumt sich auf. Letztendlich gelangt es in einen Zustand der Erschöpfung, welcher ernsthafte Organerkrankungen, psychische Störungen und eine Abschwächung der Immunkompetenz zur Folge haben kann.

In der Wahrnehmung seiner selbst und der Welt aber gerät es in einen undurchdringlichen Teufelskreis. Sein Überlebenstrieb entwickelt eine beständige Achtsamkeit gegenüber jedem bedrohlichen Signal, was beständigen Stress zur Folge hat. Die dabei ausgeschütteten Stresshormone lassen das Kind auf äußere Reize stärker reagieren, was aggressives und wütendes Verhalten zur Folge haben kann. Das Kind wird wiederum zum Frustrationsauslöser und erfährt durch seine frustrationsintolerante Borderline-Bezugsperson genau jene Reize, die ihm signalisieren, dass seine Existenz gefährdet ist. Dabei kann es isoliert, ignoriert oder angegriffen werden. Indem es z. B. angeschrien oder körperlich attackiert wird, erfährt es in seinem Schmerz keine Beruhigung, sondern nur eine Verstärkung der Bedrohung, auf die es auch umgehend reagieren wird. Es wird erneut mit seinen Möglichkeiten auf seinen Missstand aufmerksam machen und noch mehr schreien - die wahrscheinlich reale auslösende Situation für die zahlreichen, in den Medien immer wieder präsenten Meldungen „Kind zu Tode geschüttelt, totgeschlagen, achtlos in den Rinnstein geworfen ..."

Borderline-Mütter, Borderline-Väter

Auch wenn sowohl betroffene Väter wie Mütter die gleichen symptomatischen Defizite aufweisen und infolge dessen auch im gleichen Rahmen aus einer egozentrischen kleinstkindlichen Anspruchshaltung auf ihr Kind reagieren, existieren Unterschiede im Verhalten der Eltern, die sich schon aus der familiären Konstellation und der regulären Rollenverteilung ergeben. Diese kann ich im Folgenden nur andeuten, da sie in ihrem Umfang zu komplex sind und sich in veränderlichen Mustern, die auch von der jeweiligen Entwicklungsphase des Kindes abhängig sind, zeigen. Insofern gehe ich nachfolgend nur auf einen relativ kurzen Zeitraum vor und nach der Geburt eines Kindes ein.
Borderline-Mütter neigen häufig dazu, die Zeugung eines Kindes zur eigenen Absicherung (Bindung der Bezugsperson) zu nutzen. Oft brauchen sie, aus der eigenen kindlichen Bedürftigkeit heraus, eine Bezugsperson, die von ihnen abhängig und ihnen bedingungslos ergeben ist. Sie erhoffen sich von der Rolle der Mutter eine Neudefinition der eigenen Identität, die endlich dazu führen soll, anerkannt und geschätzt zu werden. Sie träumen, ebenfalls kindlich naiv davon, sich familiäre Sicherheit und Geborgenheit zu schaffen, welche die bisherigen Ängste und Unsicherheiten auslöscht. Ihr Kind wird bereits vor seiner Geburt zum manifestierten Selbsthilfemechanismus. Es hat nicht die geringste Chance, um seiner selbst willen geboren zu werden und wird noch vor seinem ersten Schrei mit einer Verantwortung überladen, der es nicht gerecht werden kann. Häufig sind derartige Frauen regelrecht fixiert auf eine Schwangerschaft und glauben, dass all ihre Probleme ein Ende finden, wenn diese sich endlich einstellt.
Nach der Geburt aber erweist sich die Realität des zurechtbeanspruchenden Kindes oft als überfordernd. Das erträumte Bild der geborgenen, sicheren Familie zerplatzt im gleichen Ausmaß, wie die erhoffte Anerkennung in der neuen Rolle als Mutter ausbleibt und Angst und Unsicherheit präsenter macht,

als je zuvor. Das Kind zeigt sich bedürftig und fordernd und konfrontiert die betroffene Mutter mit der Befürchtung, den Ansprüchen und Erwartungen des Kindes und der Umwelt nicht gerecht werden zu können. Eigene Bedürfnisse müssen nun zurückgestellt werden, was oft Frustrationen auslöst und letztendlich in Konkurrenzverhalten münden kann. Du oder ich. Im Rahmen der Abspaltung wird nun das Kind dafür verantwortlich gemacht. Die Interpretationen, die dem eigenen Selbstbild gerecht werden sollen, kennen keine Grenzen. Das Kind schreit nur um die Mutter zu ärgern; es schläft viel, weil es die Mutter ablehnt und nicht sehen will; es hat keinen Hunger, wenn es gefüttert werden soll, weil es seiner Mutter zeigen will, wer hier das Sagen hat. Das Kind entwickelt sich zum Feindbild und wird auch so behandelt, was es unruhig werden lässt. Es schreit aus Unsicherheit, Angst und Verzweiflung und wird immer mehr als Frustrationsauslöser wahrgenommen.

Oft werden auch Verhaltensweisen entwickelt, welche die Mutter davor bewahren, die Idealisierung des Kindes und somit der eigenen Person aufzugeben.

Eine der typischen Verhaltensweisen von Borderline-Müttern ist die Hemmung der kindlichen Entwicklungsschritte:

- Es darf nicht krabbeln oder laufen lernen.
- Es erhält keine feste Nahrung und/oder wird übermäßig lange gestillt.
- Es wird nicht zur Sauberkeit angeregt.
- Es wird im Ausdruck seiner Bedürftigkeit gehindert, in dem es durch die festgesetzte Zuwendung der Mutter befriedigt wird. Nicht der Bedarf des Kindes nach Nahrung und Sauberkeit ist ausschlaggebend, sondern der Zeitpunkt, den die Mutter wählt und dem Kind aufzwingt.

Die Hemmung der kindlichen Entwicklung dient ausschließlich der Bedürftigkeit der Borderline-Mutter. Sie selbst ist nur dann in der Lage, ihre identifizierende Verschmelzung zum Kind aufrecht zu erhalten, solange sie sich selbst in ihrem Kind wiedererkennen kann. Die ausgeprägte Bedürftigkeit des kleinen Kindes nach Reflektion („Spiegle mir, wie ich mich fühle und bestätige mir dadurch, dass ich so in Ordnung bin"), ist auch die ihre. So wie sie ihren Partner benötigt, um sich selbst wahrzunehmen, braucht sie auch ihr Kind. Sobald sich das Kind in einem Entwicklungsprozess befindet, in dem es seine Identität ausbildet (drittes Lebensjahr), wird es bewegungs- und erfahrungshungriger. Der nun beginnende Prozess der Eigenständigkeit fordert eine achtsame, mütterliche Präsenz ein. Damit muss die Mutter in der Lage sein, sich unabhängig vom Kind wahrzunehmen und dieses in seiner kindlichen Bedürftigkeit zu akzeptieren und zu fördern, ohne die eigene Bedürftigkeit in den Mittelpunkt zu stellen. Damit ist eine Borderline-Mutter aber weit überfordert. In dem Moment, in dem das Kind seine Mutter in deren eigener Entwicklung überholt (Überwindung des Abspaltungsmechanismus und Entwicklung einer Identität), kann es von dieser als bedrohlich wahrgenommen werden. Auch hier möchte ich ausdrücklich betonen, dass nicht jede Borderline-Mutter derartige Verhaltensweisen zeigt. Es gibt durchaus Mütter, die an und mit ihrem Kind wachsen und lernen, sich ihrer Verantwortung zu stellen.

Borderline-Väter neigen oft ebenso dazu, möglichst schnell intensive und verbindliche Beziehungen einzugehen und zu forcieren. Auch hier hat die Zeugung eines Kindes oft den Hintergrund, die Partnerin an sich zu binden und eine neue weitere Rolle für sich zu schaffen, mit der sie sich identifizieren können. Ein Kind zu haben, eine Familie im Hintergrund, ist mit Verantwortung verbunden. Die dieser Rolle zugeschriebene Leitstruktur ermöglicht dem Borderline-Vater, das eigene Bild als stark, verantwortlich, beschützend und autoritär wahrzunehmen. Seine eigene Hilflosigkeit, seine Angst vor anderen Erwachsenen und sein Empfinden des Ausgeliefertseins findet so ein vorerst illusorisches Ende. Für die werdende Mutter ist er in seiner Rolle als fürsorglicher Familienvater oft voller Hingabe und Fürsorge, sodass er von ihr auch entsprechend idealisiert wird und mit seiner Rolle sowie mit seiner Partnerin tief verschmelzen kann.

Häufig ergibt es sich aber, dass er nach der Geburt des Kindes völlig „unvorbereitet" und schockiert registrieren muss, dass seine Partnerin nun die Mutter eines (anderen) Kindes ist und er in ihrem Leben keine Priorität mehr hat. In seiner zutiefst infantilen Persönlichkeitsstruktur sieht sich sein egozentrisches Ich durch die Zuwendung seiner Partnerin an das Kind in seiner Existenz bedroht. Seine scheinbare Stabilität verliert ruckartig an Substanz. Angst und Hilflosigkeit sowie das gesamte Spektrum der Borderline-Symptomatik gewinnen wieder Raum. Um dann die Idealisierung der Partnerin und somit seiner selbst nicht zu gefährden, wird dem Kind die Rolle des Eindringlings zugeschrieben. Das Kind und dessen Existenz sind schuld an der massiven Enttäuschung, die sich aus dem Zerplatzen des illusorischen Rollenbildes ergeben haben. Das Kind ist verantwortlich für die nun präsente Überforderung und Existenzangst und wird in der Konsequenz, wann immer sich der betroffene Vater „zurückgesetzt" sieht, entsprechend be- oder sogar misshandelt.

Mir sind in meiner Praxis bereits Partnerinnen begegnet, von denen verlangt wurde, das Kind zur Adoption freizugeben. Ob nun also Borderline-Mütter oder -Väter. Für beide hat das Kind eine Vielzahl an Aufgaben zu erfüllen:

➢ Es hat die Identität seiner Eltern zu stärken und ihnen eine Rolle zu vermitteln, die ihnen Akzeptanz verschafft.

- Es hat ihnen somit die Last der Borderline-Symptomatik abzunehmen (Angst vor Nichtakzeptanz, Vermeidung von der Scham, nicht genug zu sein).
- Es hat schuld zu sein, wenn es keinen anderen Verantwortlichen geben kann.
- Es hat als Projektionsfläche zu dienen und seinen Eltern Reflektion und somit Orientierung zu geben.
- Es hat im Rahmen eines Rollentausches Verantwortung für seine Eltern zu tragen und diese zu retten.
- Es hat Spannungen abzufangen, das innere Chaos seiner Eltern zu übernehmen, deren Zerrissenheit in sich zu integrieren, um so zu sein wie sie (und um dann dafür bestraft zu werden).

Es wird Spielball einer chaotischen, zerstörerischen Welt. Es muss alles sein, was seinen Eltern gut tut, nur eines nicht – ein unbeschwertes, sich entwickelndes, lebendiges Kind!

Typische Borderline-Verhaltensweisen und deren Konsequenzen für die kindliche Entwicklung

Würde man die Borderline-Störung in einem Glaubenssatz der Betroffenen ausdrücken, wäre dies die Feststellung „Ich bin nicht"! Das daraus resultierende Chaos, die verinnerlichte Leere, der immer wiederkehrende Eindruck der Abhängigkeit und Sinnlosigkeit erzeugen stets präsente Ohnmacht und potenzieren den Eindruck der Wertlosigkeit, den Betroffene unweigerlich entwickeln. In einer Welt, die existiert, nicht zu sein, bedeutet für sie, einem unlösbaren Widerspruch ausgesetzt zu sein. Die äußere Realität überflutet sie mit emotionalen Impulsen, die oft im völligen Gegensatz zu ihrem inneren Erleben stehen. Fühlt sich der Borderline-Betroffene z. B. angespannt und leer und ihre äußere Welt (Bezugsperson) spiegelt sie nicht symbiotisch, sondern eigenständig (entspannt und erfüllt), so kann dies als unlösbarer Widerspruch erlebt werden. Wann immer die Borderline-Persönlichkeit mit ihrer Eigenständigkeit und der Losgelöstheit der Bezugsperson konfrontiert wird, erfährt sie sich auch als abgetrennt, was unweigerlich existenziellen Stress auslöst.

Um diesen Widerspruch für sich zu lösen, nutzt die Borderline-Persönlichkeit den Abspaltungsmechanismus, mit dem sie versucht, die Verschmelzung wiederherzustellen. Indem sie ihr Erleben auf andere projiziert und sich in deren Reflektion erkennen kann, überlebt sie. Ähnlich wie der orientierungsbedürftige Säugling, ist auch sie abhängig von der Spiegelung ihrer Emotionalität und Ihres Verhaltens.

Karin (42), die Mutter von Diana (15), ist wie so oft mit ihrem Äußeren unzufrieden. Sie kann sich nur schwer mit dem Verlust ihrer Jugendlichkeit abfinden und registriert jede Veränderung. Sie fühlt sich unzufrieden, unsicher und zum Teil auch panisch. Während sie sich in der Küche einen Kaffee brüht, fragt Diana sie, ob sie noch mal raus könne. Eine ihrer Freundinnen habe Geburtstag und sie wäre eingeladen. Karin reagiert unwillig und gereizt. „So wie du aussiehst, willst du nach draußen? Hast du mal in den Spiegel gesehen? Mit der Nase würde ich nicht mal zum Fasching gehen. Wie du heute wieder aussiehst, ist ja peinlich. So verschreckst du ja alle Jungs, kriegst sowieso keinen ab mit den Massen an Pickeln." Diana bricht in Tränen aus. Auch wenn sie derartige Szenen schon kennt, sie tun ihr immer wieder weh. Sie läuft in ihr Zimmer und sieht weinend in den Spiegel. Ja ihre Nase ist etwas größer, ihre Augen sind rot vom Weinen und die Hautunreinheiten wirken auf einmal überdimensional groß. „Sie hat recht", denkt Diana, „ich bin hässlich. Alle werden mich auslachen. Es ist besser, wenn ich hier bleibe."

Karin hat ihre Gefühle auf ihre Tochter projiziert, die diese auch angenommen hat. In der Reaktion ihres Kindes hat sie sich selbst wiederfinden können. Ein fröhliches, selbstbewusstes Mädchen, hätte sie in ihrem Zustand nicht ertragen können. Ihre Einsamkeit wäre unerträglich geworden. So ist sie mit ihrem Empfinden nicht so allein.

Das Dilemma der eigenen chaotischen Orientierungslosigkeit wird also unweigerlich auf das symbiotisch verschmolzene Kind übertragen. Die Konfrontation mit Borderline-Symptomen hinterlässt in diesem ebenfalls Desorientierung, Verlassenheit und das Empfinden abgetrennt zu sein. Es wird unweigerlich einem Überlebenskampf ausgesetzt sein, da es nicht in der Lage ist, das Verhalten seines Elternteils infrage zu stellen. Aus eigenem Überlebenstrieb saugt es alle Informationen ungefiltert in sich auf und orientiert sich bedingungslos an ihnen. Selbst in dem sich entwickelnden Bewusstsein, dass sich aus dem Kontakt mit seinen Eltern immer wieder Schmerz und Angst ergeben, wird es bemüht sein, die Verantwortlichkeit der Eltern abzuwehren und sich selbst als mangelhaft und zuwendungsunwert wahrnehmen. Durch das typisch verantwortungsabweisende Verhalten der Borderline-Persönlichkeit, wird dem Kind ohnehin Schuld oder Unzulänglichkeit zugewiesen, welche dann auch angenommen und immer mehr verinnerlicht wird.

Kinder, die mit Borderline-Persönlichkeiten aufwachsen, haben keine Chance, misshandelnden Mustern zu entgehen, die auf die eigene Entwicklung verheerende Folgen haben. Das „Ich bin nicht" der Eltern wird zum „Du bist nicht" für das Kind. Da es ausschließlich der Bedürftigkeit der Eltern zu entsprechen hat, wird es selbst nicht wahrgenommen und existiert ausschließlich über seine Funktionalität. Es wird zum Objekt und kann sich in der Konsequenz auch nur über seine Funktionalität für andere definieren.

Zu den bedrohlichsten Verhaltensweisen, denen ein Kind in dieser Konstellation ausgesetzt ist, zählen u. a.:

- Extreme Stimmungswechsel sowie übertriebene Wut- und Aggressionsanfälle, welche oft in keinem Bezug zu den realen Auslösern stehen.
- Verbale Abwertungen und Erniedrigungen sowie unangemessene Kritik und groteske Vorwürfe.
- Unvorhersehbarer, oft rascher Wechsel zwischen Nähe- und Distanzbestreben.
- Beständige Verantwortungszuweisung an das Kind (Rollentausch: „Erhalte mich am Leben, damit du überlebst").
- Physische und emotionale Misshandlungen, Manipulation, Nötigung und Bedrohung.
- Das Einfordern bedingungsloser Verfügbarkeit sowie massives Kontrollverhalten, Einengen und Isolieren des Kindes.
- Völlig widersprüchliches und unberechenbares Verhalten.
- Das Einlassen auf gefährliche Situationen im Rahmen der Selbstverletzung (Drogen, Alkohol, zu schnelles, riskantes Autofahren), wobei Kinder hier vor allem dadurch gefährdet sind, dass sie von ihrem Elternteil als Teil der eigenen Person („Wir sind eins") wahrgenommen werden und so in gefährliche Situationen genötigt werden.
- Die Unfähigkeit, geringste Frustrationen auszuhalten, und das Ausagieren dieser am Kind.
- Das bewusste Erzeugen von Angst beim Kind, um dessen vermeintliche Überlegenheit aufzuheben und es besser kontrollieren zu können.
- Permissives Verhalten. Gleichgültigkeit und fehlende Grenzsetzung. Fehlende Vermittlung von Struktur, Regeln und sozialer Kompetenz.
- Die Unfähigkeit, dem Kind einen hilfreichen Umgang mit Frustrationen zu vermitteln (dabei werden alle Wünsche und Ansprüche des Kindes befriedigt, um sich nicht mit dessen Frustration auseinandersetzen zu müssen).
- Wahrnehmungsverzerrungen, die als Realität dargestellt werden. Dabei wird das eigene emotionale Erleben in eine Tatsache umgewandelt, auch wenn diese mit der Realität unvereinbar ist. („Du wolltest mich schon immer nur fertig machen, hast mich noch nie geliebt...").
- Das Übertragen eigener emotionaler Zustände (Projektion) auf das Kind („Wenn ich leide, musst du auch leiden").
- Das Benutzen des Kindes, um die Abgrenzung des Partners einzufordern, den Partner zu manipulieren bzw. Emotionen auf diesen zu projizieren.
- Beständiges Zuweisen von Schuld- und Schamgefühlen auf das Kind. („Du bist schuld, dass es mir so schlecht geht").

- Komplette Intoleranz gegenüber der Individualität des Kindes. Dessen Eigenständigkeit und Entwicklung wird als Bedrohung der eigenen Existenz wahrgenommen und somit unterbunden.
- Double-Bind-Kommunikation. Double-Binds sind doppelte Botschaften, die dem Empfänger keinen Ausweg lassen und ihn mit völlig gegensätzlichen Forderungen konfrontieren, denen er gar nicht entsprechen kann. Das Kind kann nichts richtig machen und ist mit jeder seiner Handlungen falsch und bestrafungswürdig. („Gib mir Stabilität und Halt, aber wage es nicht, anders zu sein als ich").

Für Kinder, die diesen Verhaltensmustern ausgeliefert sind, haben derartige Verhaltensweisen verheerende Auswirkungen:

- Sie erleben sich in ihrem Fühlen, Denken und Handeln als eine Bedrohung für ihre Bezugsperson, von der sie ja gleichzeitig abhängig sind. Da Borderline-Persönlichkeiten das Lösen aus der Verschmelzung als Angriff und Zurückweisung erleben und entsprechend bestrafen, wird das individuelle Erleben des Kindes als Bedrohung der eigenen Existenz wahrgenommen.
- Sie erleben sich in ihrem Denken, Fühlen und Handeln als unzumutbar und falsch und entwickeln daraus resultierend ein mangelndes oder sogar fehlendes Selbstwertempfinden.
- Durch die Reflektion der Umwelt, die sich aus der manipulativen Selbstdarstellung des Elternteils ergibt, nimmt das Kind seine eigene Wahrnehmung als falsch wahr und verliert das Vertrauen in diese („Was hast du nur für tolle Eltern"). Es entwickelt Schuld und Scham und versucht noch mehr, sich der Störung anzupassen, um endlich als „richtig" reflektiert zu werden.
- Sie haben nicht die geringste Chance, sich zu orientieren. Was „richtig" und was „falsch" ist, vermittelt die Reaktion der Bezugsperson. Bei instabilen Persönlichkeiten erfolgt diese aber abhängig vom augenblicklichen, wechselhaften Empfinden. Unsicherheit, permanenter Druck, Angst und Hilflosigkeit werden für das Kind so zum ständigen Begleiter.
- Sie sehen sich als verantwortlich für das Erleben ihrer Bezugsperson und entwickeln ungerechtfertigte Schuld- und Verantwortungsgefühle.
- Sie lernen, ihre Existenz durch Aufmerksamkeit auf die Bezugsperson abzusichern, und nicht durch Selbstwahrnehmung, was ihre Identitätsbildung einschränkt oder sogar zerstört.
- Der Verschmelzungsprozess zwischen dem Kind und seiner Borderline-Bezugsperson behindert jede Identitätsentwicklung des Kindes oder macht diese sogar unmöglich. Daraus können sich lebenslange Bindungs-

störungen bis hin zur Bindungsunfähigkeit, traumatische Störungen oder ebenfalls Persönlichkeitsstörungen ergeben.
➢ Kinder, die Double-Binds ausgesetzt sind, entwickeln ein gehetztes, tief verstörtes Gefühl und den Eindruck der absoluten Unzulänglichkeit. Immer wieder doppelten Botschaften ausgesetzt zu sein, zerstört jegliches Vertrauen in die eigene Wahrnehmung und damit auch das Selbstbild. Es gibt kaum etwas Zerstörerischeres für das Selbstwertgefühl eines Kindes, als paradoxe, unerfüllbare Forderungen, die ihm Bestrafung und Distanz garantieren.
➢ Typische kindliche Verhaltensweisen (das Entdecken eigener und fremder Grenzen, das neugierige Auseinandersetzen mit der Welt oder das Lernen, sich in dieser durch Fehler zu orientieren) werden von Borderline-Eltern als bedrohlich und damit bestrafenswert wahrgenommen. Das Kind erlebt dabei bedingungslose Abwertung – weil es ist, ist es falsch.

Abgesehen von den physischen wie psychischen Gefahren, denen Kinder von Borderline-Persönlichkeiten ausgesetzt sind, erleben sie beständig tiefste Verlassenheit, Ohnmacht, Desorientierung und Hilflosigkeit. Die permanenten Verantwortungs- und Schuldzuweisungen erzeugen im Kind den Eindruck ständig zu versagen, falsch, schuld, mangelhaft und liebensunwert zu sein. Die daraus resultierende massive Scham zwingt sie zur Selbstverleugnung und in das Bemühen, „anders" sein zu wollen. Doch so sehr sie sich auch um dieses Anderssein bemühen, sie werden nie genügen. Die dabei immer stärker anwachsende Wut auf sich und die beängstigende Borderline-Bezugsperson richtet sich dann zumeist in autoaggressiver Form gegen die eigene Person oder andere. Sie wachsen in ständiger Angst auf und sind permanent damit beschäftigt herauszufinden, in welcher Stimmung die Borderline-Bezugsperson gerade ist, um richtig reagieren zu können. Die daraus resultierende andauernde Anspannung, Unsicherheit und Angst können sie aber aus Furcht vor Bestrafung nicht zeigen. Selbst wenn sie alles wehrlos hinnehmen und sich bedingungslos anpassen, können sie der Bestrafung nicht entgehen, wenn sie damit Projektionen abwehren möchten. Dabei wird dem Kind z. B. emotionaler Schmerz zugefügt, der es dem Elternteil dann ermöglicht, den eigenen verdrängten Schmerz an der Reaktion des Kindes zu verarbeiten („Sündenbockprinzip", Alice Miller). Man kann zumeist nur mit fachkundiger Aufmerksamkeit hinter die anerzogene Fassade schauen, die ja gleichzeitig als Überlebensmechanismus des Kindes genutzt wird, und sieht die stille Verzweiflung der Kinder nicht. Sie können weder eine positive Lebenseinstellung entwickeln, noch ein lebensnotwendiges Selbstwertgefühl.
Sie entwickeln keine Fähigkeiten zum selbstverantwortlichen Handeln und bleiben zutiefst unsicher und von der Reflektion anderer abhängig. Sie lernen

von ihrem Borderline-Elternteil, dass immer andere schuld sind und diese dann auch dafür bestraft werden müssen.

Das Aufzeigen der o. g. typischen Borderline-Verhaltensweisen reicht aus, um die schwer-wiegenden Konsequenzen für die Persönlichkeitsentwicklung des Kindes zu erkennen. Ein Kind, das keine Fehler machen darf, lernt weder, sich zu vertrauen, noch sich eine Orientierung in seiner Umgebung und im Kontakt mit anderen Menschen zu verschaffen. Da ihm beständig vermittelt wird, dass es sowohl in seiner Emotionalität, als auch in seiner natürlich-kindlichen Bedürftigkeit eine Belastung und Zumutung darstellt, wird es zur Gefahr für sich selbst. Es wird sich immer wieder als Ursache der lebensbedrohlichen Zurückweisung erfahren und durch den daraus entstehenden Widerspruch („Wenn ich leben will, bin ich in Lebensgefahr") eine Vielzahl an psychischen und physischen Störungen entwickeln.

Die fehlende Identität der Borderline-Bezugsperson („Ich bin nicht") überträgt sich auf das Kind, welches so ebenfalls eine Borderline-Störung oder zumindest eine einschneidende Identitätsschwäche entwickeln wird. In der Konsequenz kann es sich als Erwachsener weder als unabhängig von anderen erleben, noch ein Verantwortungsgefühl für das Selbst entwickeln. Aus seinem fehlenden Selbstvertrauen resultieren Bindungsstörungen, bzw. die völlige Unfähigkeit, sich auf Bindungen einzulassen. Aus der tiefsten Überzeugung heraus, im Kern seiner Persönlichkeit falsch und schlecht zu sein, wird jede alltägliche Heraus-forderung zur bedrohlichen Belastung. Seine verinnerlichte Annahme, wertlos, unfähig und mangelhaft zu sein, treibt es beständig an, anders und besser zu sein. Dabei überfordert es sich immer wieder maßlos, ohne jedoch je ein Wertgefühl für sich oder erbrachte Leistungen zu entwickeln.

Menschen mit einem derartigen persönlichen Erlebenshintergrund versuchen dann als Erwachsene oft, ihre beständige Anspannung vergeblich durch Drogen, Alkohol oder Medikamentenmissbrauch zu kontrollieren. Ihre Lebensunfähigkeit kann in Depressionen, Neurosen, soziale Phobien, Angststörungen oder schwerwiegende Persönlichkeitsstörungen münden, die nicht zuletzt auch eine erhöhte Suizidalität in sich tragen.

Wenn Partner sich getrennt haben

Verfügen Partner von Borderline-Persönlichkeiten über gesunde, selbstfürsorgliche Fähigkeiten, werden sie die Beziehung irgendwann aus reinem Selbsterhaltungstrieb aufgeben. Bis dahin haben sie oft bereits diverse Trennungen und ebenso viele Versöhnungen hinter sich. Sie fühlen sich ausgebrannt und leer, haben oft den ohnehin schon geschwächten Bezug zu sich selbst noch mehr verloren, können kaum noch ihren Alltag bewältigen und für sich sorgen. Viele Partner sind bemüht, solange wie möglich in der Beziehung zu verbleiben. Nicht nur, weil sie sich kaum von der Hoffnung lösen können, es doch noch zu schaffen, der Borderline-Persönlichkeit gerecht zu werden, sondern auch, um das gemeinsame Kind nicht zu verlieren oder es zu schützen. Häufig sind Partner erst am Ende einer solchen Beziehung in der Lage, die Misshandlung des Kindes klarer wahrzunehmen - wenn sie bereit sind, sich aus der Verschmelzung zu lösen. Oft nutzen sie in der Beziehung selbst Abwehrmechanismen, um sich nicht ängstigenden Konfrontationen auszusetzen. Viele Partner entwickeln an diesem Punkt auch Schuldgefühle ihrem Kind gegenüber und sind dann auch bereit, sich der Verantwortung zu stellen.

Ich persönlich kann nur jeden Vater und jede Mutter, die sich aus einer Borderline-Beziehung lösen, eindringlich darauf hinweisen, welche Konsequenzen die Störung für ihr Kind hat. Wie überlebensnotwendig eine stabile Bezugsperson für dieses Kind ist und wie es sich auf das Leben des Kindes auswirkt, wenn es im Borderline-Kontakt allein gelassen wird. Wenn Sie zu den Vätern oder Müttern gehören, die sich ihrer Verantwortung stellen wollen, die für ihr Kind präsent sein und bleiben wollen, wünsche ich Ihnen Mut und Kraft für Ihren Weg.

Was die wenigsten in diesem Moment ahnen ist, welche Konsequenzen sich aus dem Bemühen um den Kontakt zum gemeinsamen Kind ergeben.

Da Borderline-Persönlichkeiten sich mit ihrem Partner identifizieren und ihre Existenz häufig über ihn definieren, verlieren sie nach einer Trennung oft jeden Halt und können den Eindruck einer Existenzvernichtung entwickeln. Die Verschmelzung mit ihrem Partner und dessen Verfügbarkeit hat ihnen ermöglicht, sich nicht als abgetrennt wahrzunehmen und sie so vor tief greifenden Ängsten bewahrt. Ein Verlust der Identifikationsfigur (Partner) führt jedoch unweigerlich in das tödliche Abgetrenntsein, was als Vernichtung der eigenen Existenz erfahren wird.

Im Rahmen der Abspaltung und Verantwortungsabgabe wird dann der Partner dafür verantwortlich gemacht („Ich sterbe und du bist schuld"). Jeder Kontakt zu diesem, direkt oder indirekt, wird somit als extrem bedrohlich und unerträglich wahrgenommen. Aus diesem Grund wird er dann oft „schwarz" besetzt, d. h. völlig abgewertet. Ihm wird die gesamte Verantwortung für das Scheitern der Beziehung und dem Empfinden der „Vernichtung" der eigenen Person zugeschoben. Dabei wird die Wahrnehmung der Borderline-Persönlichkeit, ein Opfer seines ehemaligen Partners zu sein, durch authentisch wirkende Manipulationen von Amtspersonen, Familienangehörigen, Freunden etc., oft wirkungsvoll inszeniert.

Nachdem ich mich von Jeanette getrennt hatte, lief sie mir ständig über den Weg. Sie kannte meinen Weg zur Arbeit und stand im Bus fast jeden Morgen

nur wenige Meter von mir entfernt. Wenn ich abends aus der Kanzlei kam, stand sie auf der anderen Straßenseite, selbst in meinem Lieblingsrestaurant saß sie oft am Nebentisch. Ich habe sie dann ganz direkt angesprochen, was das soll und wer sich denn um Anne, unser Kind kümmern würde, wenn sie hinter mir her schlich. Wenige Tage später erhielt ich eine Anzeige wegen Stalking. Sie erzählte all unseren Freunden und selbst meiner Familie, dass ich sie verfolge und ständig belästige. Seitdem redet kaum noch jemand mit mir (Rene, 38, Anwalt).
Gleich zu Beginn unserer Beziehung erzählte Sabine mir, dass ihr letzter Freund sie oft geschlagen hätte und sie sogar einmal die Treppe hinuntergestoßen hätte. Ich war damals voller Mitgefühl und habe versucht ihr zu zeigen, dass nicht alle Männer dermaßen brutal waren. Als sie nach unserer Trennung dann immer wieder zu jeder beliebigen Tag- und Nachtzeit vor meiner Tür stand und ich mich weigerte, sie in die Wohnung zu lassen, hat sie sich einfach die Treppe runterfallen lassen. Ich war völlig entsetzt und habe ihr helfen wollen. Sie hat das ganze Haus zusammengeschrien. Die Nachbarn konnten dann bezeugen, dass sie verletzt auf der Treppe lag und ich an ihr herumgezerrt habe. Mit den Prellungen ist sie dann zum Arzt gegangen, ich wurde dann wegen Körperverletzung angezeigt. Ich bin jetzt schwarz auf weiß einer, der gewalttätig ist. Eine tolle Voraussetzung, um beim Jugendamt vorzusprechen, wenn sie mir den Umgang mit Tim (4) verwehrt, natürlich nur aus Angst, ich könne ihn auch schlagen (Andreas, 43, Journalist).
Die Inszenierungen erweisen sich oft als wirkungsvoll und lassen dem Partner wenig oder keinen Spielraum für Korrekturen oder Gegenwehr. Oft werden ehemalige Partner so in die Enge getrieben, dass dessen Hilflosigkeit, Ohnmacht und Anspannung so offensichtlich werden, dass Außenstehende ohne Kenntnis der Situation diesen oft negativ bewerten.
Lina nahm jeden Tag Unmengen an Medikamenten, u. a. auch Psychopharmaka und Schmerzmittel. Dabei hat sie unser Baby noch gestillt. Es hat mich wahnsinnig gemacht, dass dies anscheinend niemanden interessiert hat. Da ich die Kleine ja nicht mehr bekam, konnte ich auch zu keinem Arzt mit ihr. Bei einem meiner letzten Besuche hing Tine dann völlig apathisch in meinem Arm, ich hab unglaubliche Angst bekommen. Lina warf mir vor, dass alles meine Schuld wäre, denn sie müsste das ganze Zeug ja nur schlucken, weil ich sie verlassen hätte. Sie fügte dann noch hinzu, dass sie irgendwann vielleicht auch mal ein paar Tabletten zu viel nehmen würde und das Kind auf jeden Fall nicht bei so einem Schwein wie mir zurücklassen würde. Ich bin dann extrem wütend zum zigsten Mal zum Jugendamt und habe dort die Mitarbeiterin mehr oder weniger lautstark mit meiner Hilflosigkeit konfrontiert. Das war ein klarer Fehler. Lina hat dort argumentiert, dass sie schon immer

unter meinen unvorhersehbaren Wutanfällen leiden würde. Meine bisherige Ansprechpartnerin beim Jugendamt konfrontierte mich daraufhin vor Kurzem mit der Aussage, dass ich mit meinem unkontrollierten, gewalttätigen Verhalten die arme Mutter ja erst in diese Krise gebracht hätte. Mir fehlen da jetzt einfach mal die Worte (Thorsten, 34, Angestellter).

Die oft drastischen Inszenierungen entfalten ihre destruktive Wirksamkeit vor allem dadurch, dass die verzerrte Realität des Betroffenen für jeden Außenstehenden offen-sichtliche Realität wird. Völlig Außenstehende schlussfolgern aus ihren Interpretationen heraus, dass der ehemalige Partner tatsächlich bösartig, gewalttätig und skrupellos bemüht ist, die Borderline-Persönlichkeit zu zerstören. Was sich letztendlich hinter diesem zerstörerischen Verhalten verbirgt, ist das noch immer aus der Verschmelzung resultierende Übertragen der eigenen Emotionalität auf den einstigen Partner. Fühle, was ich fühle. Nimm meine Ohnmacht, meine Verlassenheit, meine Angst und Wut. Wenn ich zugrunde gehe, gehst du es auch.

Ohne sorgfältige Auseinandersetzung mit der Problematik können involvierte amtliche Hilfspersonen die inszenierten Dramen noch verstärken und sich gegen das Kind und für die Borderline-Persönlichkeit benutzen lassen.

In diesem Prozess kann auf das Kind, das ja für eine Borderline-Persönlichkeit oft als Verlängerung des eigenen, verhassten Selbst wahrgenommen wird, das Empfinden von Ausgelöschtwerden, Panik und Chaos projiziert werden. Es kann, stellvertretend für die eigene Person, bestraft und verletzt werden. Es kann aber auch zum ganzen Halt des Betroffenen werden und muss dann, egal wie klein es auch ist, die Fürsorgerolle übernehmen. Als eigenständiges Wesen wird es dabei ausgelöscht und „verschlungen". Gleichermaßen kann es auch als Verlängerung des verhassten Partners gesehen werden und stellvertretend für diesen bestraft werden. Beide Verhaltensweisen können sich unvorhersehbar abwechseln.

Die aus einer Trennung resultierenden Verhaltensweisen von Borderline-Persönlichkeiten sind immer extrem. Sie schwanken zwischen totaler Distanz und jeglicher Kontakt-vermeidung oder dem verzweifeltem Versuch, den Partner wieder in die Verschmelzung zu locken. Oft geschieht das auch im raschen Wechsel. Es existieren keine Grauzonen. Die erwachsene Haltung, eine gemeinschaftliche, elterliche Ebene zu schaffen, ist nicht zu realisieren, weil dies nur zwischen erwachsenen (identitätsstarken) Personen möglich ist. Die überlebenswichtigen Selbsthilfemechanismen der Borderline-Betroffenen (Abspaltung, Projektion) stehen im massiven Widerspruch zu den Fähigkeiten, die verantwortungsvolle Eltern in einer derartigen Situation benötigen.

Der Kampf um das Kind

Als besonders schwierig erweist sich die Situation doch immer wieder für Väter, die mit einer Borderline-Betroffenen ein gemeinsames Kind haben, über keinerlei Sorgerecht verfügen und mitunter noch nicht einmal als Vater in der Geburtsurkunde registriert sind. Oft hält die idealisierende Verschmelzung der ersten Wochen und Tage nicht bis zur Geburt des Kindes, sodass es oft vorher zur Trennung und den damit verbundenen Abwertungen kommt. Es liegt dann oft nicht im Interesse der Betroffenen, dem als bedrohlich wahrgenommenen Vater Zugeständnisse zu machen und eventuelle weitere Bindungen zu ermöglichen.
Dabei geht es nicht darum, wie fälschlicherweise oft angenommen wird, dem Vater bewusst zu schaden. Nach einer Trennung neigen Borderline-Persönlichkeiten oft dazu, jeden Kontakt, jede Erinnerung und jede Verbindung zu kappen, zu meiden oder zu zerstören. Nicht aus Boshaftigkeit, sondern aus Selbstschutz. Der Schmerz ist oft so unerträglich, dass die Betroffenen keine anderen Möglichkeiten wahrnehmen. Wird eine Borderline-Persönlichkeit verlassen, bleibt nicht ein erwachsener Mensch zurück, sondern ein abhängiges Kleinstkind, welches die letzte Hoffnung verloren hat, zu überleben.
Viele Väter geben angesichts der Probleme auf und ergeben sich der Distanz. Nur selten existiert die Diagnose Borderline im Hintergrund, sodass die Situation auch nicht richtig eingeschätzt wird und die tatsächlichen Konsequenzen für die Entwicklung des Kindes gar nicht registriert werden. Dies macht es den gehenden Vätern auch leichter, sich jeder weiteren Konfrontation zu entziehen und einfach loszulassen. Man kann es als Egozentrik, Feigheit oder Bequemlichkeit bewerten, oft aber steht auch dahinter die Angst, sich noch mehr Schmerzen auszusetzen, als sie ohnehin in der Beziehung bereits erfahren wurden.
Aber sie existieren, die Väter, die sich und ihre Beziehungserfahrungen hinterfragen. Die es genau wissen wollen. Die in diesem Zusammenhang auch oft Zugang dazu bekommen, dass sie selbst als Kind einmal verlassen wurden, und denen das Gefühl des Ausgeliefertseins, der Angst und Einsamkeit, nur allzu vertraut ist. Je mehr sie das Kind in sich selbst erkennen und fühlen, desto mehr Verantwortung möchten sie für das eigene Kind tragen. Vielleicht, um an diesem stellvertretend für sich selbst wiedergutzumachen, was ihnen einst angetan wurde. Was auch immer ihre Beweggründe sind, es gibt sie, die Väter die bereit sind, die Verantwortung für ihr Kind zu übernehmen.
Die Situation für Mütter ist oft nicht weniger dramatisch und kompliziert. Allerdings sind deren Voraussetzungen oft weitaus günstiger, da sie als Mutter klar festgestellt sind und in der Regel auch über das Sorgerecht verfügen. Wenn Mütter ihren Borderline-Partner verlassen, haben sie oft bereits alles

Menschenmögliche getan, um diesen zu retten oder dem Kind als Vater zu erhalten. Gerade aus diesem Grund wurde ihm dann auch oft das Sorgerecht eingeräumt, was nach der Trennung für massive Komplikationen sorgen kann, wenn der Zugriff auf das Kind als „Alibi" für den aufrecht erhaltenden Zugriff auf die Mutter, benutzt wird.

Es gibt unzählige Nuancen, mit denen sich die Situationen von Vätern und Müttern in der oft hochdramatischen, chaotischen Umgangsproblematik unterscheiden. Zu viele, als dass sie an dieser Stelle ausreichend geklärt werden könnten. Bei von Borderline betroffenen Vätern, die über narzisstische Tendenzen verfügen, steht oft auch die narzisstische Kränkung im Raum, welche der ehemaligen Partnerin die Trennung nie verzeiht. Hier bietet der Kampf um das Kind eine ausgezeichnete Möglichkeit, die Kontrolle über die Mutter zu behalten und Einfluss auf deren Leben zu nehmen. Sie über das Kind selbst ebenfalls immer wieder in dem Ausmaß zu verletzen, wie sie sich selbst verletzt und gedemütigt sehen. Narzisstische Wut ist unverzeihlich und grausam.

Von Borderline betroffene Mütter haben häufig histrionische Anteile in sich integriert. Die Sucht nach viel Dramatik, die letztendlich Aufmerksamkeit sichert, ist ein unglaublich guter Nährboden, sich als verlassene, misshandelte Mutter zu präsentieren. Im forcierten Leid des Kindes findet jene Borderline-Persönlichkeit dann mehr als nur die dringend benötigte Spiegelung. Äußere mitfühlende Aufmerksamkeit von Freunden, Fürsorgern und Ärzten hält das leidgeprüfte Selbstbild aufrecht und gibt so etwas Trost in der eigenen Verlassenheit.

Welche Anteile anderer Störungsbilder in die instabile Borderline-Problematik auch integriert sind, das einzige Kind, welches im Umgangskampf eine Rolle spielt, ist das innere Kind der Borderline-Persönlichkeit. Das reale Kind im Hier und Jetzt dient allenfalls als Spielball defizitärer Bedürftigkeiten, als Projektionsfläche der eigenen Traumabewältigung oder als Zugriffsmöglichkeit auf den ehemaligen Partner.

Insofern kann sich aus jeder Trennung, in die Borderline-Väter und -Mütter involviert sind das ergeben, was für die Betroffenen im Alltag immer präsent ist – Krieg. Ein höchst dramatischer Kampf auf minenreichem Gelände, im völligen Nebel, mit Stolperdrähten und ohne jede Chance auf Waffenstillstand.

Vielleicht mag dieses Bild übertrieben scheinen. In meiner Praxis begegne ich aber immer wieder Eltern, die sich in Situationen wiederfinden, die an Skurrilität nicht zu überbieten sind. In denen sie mitunter den Eindruck entwickeln, dass mit ihrer Wahrnehmung etwas nicht stimmt. Die beständig mit total gegensätzlichen Verhaltensweisen konfrontiert werden, denen sie sich nicht entziehen können, ohne dabei Konsequenzen für das Kind oder dem Umgang mit diesem zu befürchten.

Ich hatte mit Robert ausgemacht, dass er Marie bis zum Sonntagabend haben kann, ich wollte sie dann um 18 Uhr abholen, weil sie ja am nächsten Tag in die Schule musste. Gegen 14 Uhr rief Robert mich dann an, dass er heute Abend noch etwas mit seiner neuen Freundin vor hätte und ich das Kind schon gegen 16 Uhr abholen solle. Ich musste also meine ganze Nachmittagsplanung wieder einmal aufgeben und mich nach seiner Spontaneität richten. Als ich dann ganz pünktlich um 16 Uhr vor seiner Tür stand, fuhr er mich vor den Augen seiner Freundin an, dass ich mich nicht an die Übergabezeiten richte und den Umgang wohl wieder boykottiere. Außerdem hätte seine Freundin gerade mit Marie so schön gespielt, aber nun muss das mal wieder meinetwegen abgebrochen werden. Er riss das Kind grob vom Tisch hoch und quittierte ihr Weinen mit den Worten: „Bedanke dich bei deiner Mutter." Vom Jugendamt erhielt ich später den Hinweis, dass Robert Beschwerde eingelegt hätte, dass ich seinen Umgang behindere. Von einem Anruf seinerseits bei mir, weiß er nichts. Ich wäre ohnehin schon immer labil gewesen und etwas seltsam. Ich weiß einfach nicht, was ich noch tun soll. Das fühlt sich alles total irre an (Karin, 30, Erzieherin).

Sich der Verantwortung für das gemeinsame Kind mit einem/r Borderline-Parter/in zu stellen, heißt auf jeden Fall auch, im Chaos, der Instabilität, der Projektion und der gesamten Symptomatik zu verbleiben. Eine Borderline-Beziehung ist in der Regel für jeden ehemaligen Partner nur schwer zu verarbeiten. Um sich wirklich auf diesen Verarbeitungsprozess einlassen zu können, müsste auch der Partner sich einem „Entzug" stellen, der ihn nicht weiter mit instabilen Mustern konfrontiert. Letztendlich ist es um ein Vielfaches schwerer für Partner, sich selbst zu stabilisieren, wenn ein gemeinsames Kind existiert, sodass sie im Kontakt mit dem/der Betroffenen verbleiben müssen. Dazu kommt, dass es hier nicht mehr ausschließlich um die eigene Zerrissenheit und den eigenen Schmerz geht, sondern auch um das, was man an Leid an seinem Kind wahrnehmen muss. Dessen Qual trifft oft viel tiefer, sodass es immer schwerer wird, sich dem Borderline-Chaos zu entziehen. Der Preis wäre zu hoch.

Kindesentfremdung, ein typischer Borderline-Verhaltensmechanismus

Die präsenteste und in jedem mir bekannten Fall integrierte Verhaltensweise von Borderline-Persönlichkeiten im Kampf um ihr Kind ist die Kindesentfremdung („PAS", Walter Andritzky). Dabei ist zu beobachten, dass Kinder, ohne dass das Verhalten des nicht betreuenden Elternteils einen Anlass gegeben hätte, den Kontakt zu diesem und seinem familiären Umfeld verweigern. Eltern, die ihr Kind dem anderen Elternteil entfremden wollen, behindern nicht nur den Umgang, sondern nutzen trickreiche Strategien, um das Kind gegen den zu bekämpfenden Vater oder die zu bekämpfende Mutter zu beeinflussen. Derartig beeinflusste Kinder haben oft keine Chance der Gegenwehr, da sie sich ja noch als abhängig von dem betreuenden Elternteil erfahren. Insofern akzeptieren sie die Manipulation, betonen den eigenen Willen, erfinden selbst skurrile Gründe, warum sie einen Elternteil ablehnen, oder verwenden absurde Begründungen im direkten Wortlaut des beeinflussenden Elternteils.

Kindesentfremdung ist auch immer Kindesmissbrauch und Kindesmisshandlung. Sie dient in erster Linie der Kompensation persönlicher Defizite des intervenierenden Elternteils, wobei nicht nur den Interessen des Kindes zuwidergehandelt wird, sondern direkt auch Maßnahmen ergriffen werden, die das Kind verletzen und ihm Schmerz zufügen. Ein Entfremdungssyndrom definiert sich durch konkrete Merkmale und hat stets das Ziel, den Kontakt zum anderen Elternteil auf Dauer zu unterbinden. Das Kind wird durch Maßnahmen wie Zurückweisung, Terrorisieren, Ignorieren, Isolieren und Bestechung gefügig gemacht. (Rogers, 1992)

Hier nur eine kleine Auswahl an typischen Interventionen:

➢ Dem Kind wird direkt oder indirekt vermittelt, dass der andere Elternteil es nicht mehr lieb habe. Oft werden hier Situationen inszeniert, die dem Kind beweisen, dass der andere Elternteil sich abgewandt hat. So werden z. B. Unternehmungen mit dem anderen Elternteil, auf die das Kind sich gefreut hat, abgesagt und dem Kind wird später vermittelt, dass es vergessen wurde.

➢ Der andere Elternteil wird vor dem Kind abgewertet. Auch dies kann direkt oder indirekt geschehen. Letzteres z. B. indem das Kind Zeuge von Gesprächen mit anderen wird, in dem es mit herabsetzenden Details konfrontiert wird. Dabei werden persönliche Eigenschaften, Verhaltensweisen oder der Beruf des boykottierten Elternteils lächerlich gemacht oder negativ dargestellt.

➢ Das Kind wird in einen Rollentausch genötigt und so direkt in den Beziehungskonflikt eingebunden. Es wird mit dem Schmerz und der Hilflosigkeit seines beeinflussenden Elternteils konfrontiert und muss hier fürsorglich intervenieren. Da es dies unbewusst aus eigenem Überlebenstrieb tut („Ohne Mutter/Vater bin ich nicht lebensfähig"), wird es den scheinbaren Verursacher der mütterlichen oder väterlichen Not selbst als bedrohlich erleben. Gleichzeitig erfährt es scheinbare Aufwertung und Beachtung, da es in die „Macht" versetzt wird, seinem „hilflosen" Elternteil helfen zu können.

➢ Zeigt das Kind, dass es seinen anderen Elternteil vermisst, wird es oft mit Zurückweisung bestraft. Dabei wird ihm auch häufig suggeriert, dass sein betreuender Elternteil „unter diesem Verhalten leidet", wodurch das Kind Schuld- und Schamgefühle entwickelt. Es muss dann, um nicht mehr zurückgewiesen zu werden, den „Fehler" wiedergutmachen und sich gegen den vermissten Elternteil positionieren.

- Dem Kind wird die Erfüllung eines Wunsches in Aussicht gestellt, wenn es dafür bereit ist, den Kontakt zum anderen Elternteil zurückzuweisen.
- Das Kind wird direkt bestraft, wenn es sich der Manipulation verweigert. Es wird von Unternehmungen ausgeschlossen, ihm werden lieb gewonnene Dinge weggenommen, es wird isoliert oder mit Schweigen bestraft.
- Das Kind wird durch sprachliche Elemente beeinflusst oder mit suggestiven Inhalten konfrontiert. („Du möchtest sicher nicht so lange bei Papa bleiben, die da sind nicht gut für dich").
- Dem Kind wird bewusst Angst vor dem anderen Elternteil gemacht. („Es kann sein, dass er/sie dich entführen will, dann kannst du nie mehr nach Hause, siehst mich und deine Freunde nie wieder").
- Das Kind erfährt besondere und betonte Aufwertung, in dem es um Rat gefragt wird oder besondere Mitspracherechte bei Entscheidungen erhält. Durch betontes positives Feedback (Lobbying), wird es durch Loyalität bemüht sein, sich diese „positive" Zuwendung auch zu verdienen.
- Der beeinflussende Elternteil wird sich „großzügig" in der Grenzsetzung und Einhaltung von Regeln zeigen und den Erziehungsstil des anderen Elternteils herabsetzen. („Bei mir kannst du so viel fernsehen, wie du möchtest, dein Vater zwingt dir ja ständig seinen Willen auf").
- Dem Kind wird vermittelt, dass es vom anderen Elternteil im Stich gelassen oder zurückgewiesen wurde. („Er/sie hat uns verlassen, ... wollte uns nicht mehr, hat uns nicht mehr lieb").
- Das Kind wird bei nicht vermeidbaren Kontakten instruiert, gegen den boykottierten Elternteil zu rebellieren. Dabei werden nicht nur Konflikte vorprogrammiert, denen das Kind dann ausgesetzt ist, es wird dabei sogar in Gefahr gebracht, wobei die Konsequenzen dann der Verantwortung des anderen Elternteils zugeschoben werden kann. („Egal was er/sie dir auch sagt, mach es nicht oder mache das Gegenteil").

Das zuletzt genannte Beispiel ist mir in seiner Unfassbarkeit selbst in der Praxis begegnet. Mit der Auflage, "mache nichts, was man dir sagt oder das Gegenteil", wurde der fünfjährige Sohn einer meiner Klientinnen in den Urlaub mit ihr und ihrem neuen Partner geschickt. Dem Kind wurde für die Erfüllung dieser Aufgabe von seinem Vater ein neues Haus versprochen. Im Urlaub ergaben sich dann Situationen, in denen das Kind nach der Aufforderung, an der Straße stehen zu bleiben, oder nicht zu nah an den Fluss zu gehen, durch entgegengesetzte Verhaltensweisen reagierte. Der Junge entkam nur knapp einen Unfall, wonach die kleine Patchworkfamilie tagelang nicht das Quartier verlassen konnte, da das Kind der Forderung seines Vaters um jeden Preis entsprechen wollte.

Innerhalb der oft unfassbar obskuren Inszenierungen sind der Fantasie keine Grenzen gesetzt. Die einzelnen Aktionen sind als Kindesentfremdung oft kaum zu erkennen, da sie von prägnanter Subtilität sein können. In der Regel gilt, je jünger und abhängiger das Kind von seiner Bezugsperson ist, desto beeinflussbarer ist es. Hier zeigt sich aber ein borderline-typisches Phänomen. Kinder von Borderline-Bezugspersonen werden aufgrund der elterlichen Symptomatik grundsätzlich abhängig und in verschmolzener Symbiose gehalten. Auch ältere Kinder, mitunter bis in das Erwachsenendasein hinein, bleiben emotional abhängig von ihrem Borderline-Elternteil und definieren sich über dessen Bewertung und Zuwendung. Auch wenn sie nach äußerem Ermessen selbstständig überlebensfähig wären, erleben sie sich selbst emotional, so wie auch ihr Borderline-Elternteil, als außerhalb der Verschmelzung nicht allein überlebensfähig. Aus diesem Grund sind gerade diese Kinder, unabhängig von ihrem Alter, extrem anfällig für jede Manipulation des betroffenen Elternteils, weil dessen Zurückweisung als existenzielle Bedrohung empfunden wird.

Ich hatte zu der Tochter meiner ehemaligen Partnerin einen wirklich guten Kontakt. Solange ihre Mutter mich idealisierte, war sie mir sehr zugewandt. Wir sind als Familie zusammen verreist, ich half ihr bei ihren Aufgaben und suchte mit ihr einen Ausbildungsplatz. Nachdem ich mich dann von ihrer Mutter trennen musste, weil es einfach nicht mehr ging, zeigte diese mich wegen Vergewaltigung an. Es hat mich sehr schockiert, dass die Tochter vor Gericht eine Aussage dazu machte, welche die Lüge ihrer Mutter bestätigte und mich extrem belastete. Ich kann es noch gar nicht fassen, wie sie das tun konnte. Es fühlt sich für mich an, als würde ich in einem Spinnennetz hängen (Reiner, 49, Kaufmann).

Ebenfalls borderlinetypisch ist die Vermittlung von Double-Binds an das Kind. Wie auch in jeder anderen Beziehungskommunikation vermitteln sich Borderline-Persönlichkeiten oft in widersprüchlichen Botschaften. So wird dem Kind z. B. auf der verbalen Ebene vermittelt, dass es selbstverständlich Kontakt zu Vater oder Mutter haben kann. Vertraut das Kind dann dieser Aussage, kann es dafür dann mit Zurückweisung bestraft werden. Ursächlich für derartige Double-Binds ist das Bedürfnis der Borderline-Persönlichkeit, richtig und gut sein zu wollen und insofern auch souverän und gelassen auftreten zu können (Rollendarstellung, um angenommen zu werden). Das innere Empfinden (Angst, Unsicherheit) des/der Betroffenen steht zu diesem Rollenverhalten in der Regel im Widerspruch. So führt z. B. innere Unsicherheit, die mit sicherem Auftreten nach Außen überspielt werden soll, letztendlich zu einer inkongruenten Botschaft. Da das Kind aber der verbalen Aussage bedingungslos vertraut, kann und wird es die körpersprachliche Ebene der psychologischen Botschaft („Halte Abstand zu deinem Vater/deiner Mutter") nicht beachten. Für seinen „Verrat" wird es dann entsprechend bestraft.

Warum?

Kindesentfremdung ist zwar eine wesentliche Waffe im Krieg gegen den ehemaligen, schwarz besetzten Partner, aber nicht die Einzige. Da Borderline-Persönlichkeiten sich in ihrer gesamten Lebensanschauung einer feindlichen Welt ausgeliefert sehen, sind sie im positiven Sinne wahre (Über-) Lebenskünstler, im Pendant aber auch kriegserprobt und routiniert in der Vernichtung ihrer Kontrahenten.
Wohlweislich möchte ich an dieser Stelle betonen, dass es mir nicht um das Stigmatisieren von Betroffenen geht. Mir geht es zum einen darum, verständlich zu machen, warum sich Betroffene derartiger Verhaltensmuster bedienen und dass diese in deren Welt durchaus als einzig mögliche und unvermeidlich erscheinen. Oft ist es für die Betroffenen nicht einmal nachvollziehbar, dass ihre durchaus als antisozialen Verhaltensweisen zu bezeichnenden Aktionen, wenn sie denn aufgedeckt und erkannt werden, als unangemessen, bösartig oder sogar strafbar reflektiert werden.
In meinem Buch „Mit zerbrochenen Flügeln" bin ich bereits ausführlicher auf das „Warum" der Borderline-Kindesmisshandlung eingegangen und habe versucht aufzuzeigen, dass es in diesem Prozess nicht darum geht, das Kind zu zerstören. Ursächlich für den Missbrauch jeder Bezugsperson ist eine Vielzahl destruktiver Überlebensmechanismen, die ausschließlich aus dem Bemühen resultieren, die unerträgliche Symptomatik zu überwinden.
Borderline-Persönlichkeiten gehen von ihrer völligen Wertlosigkeit aus. Sie glauben nicht an ihre Lebensberechtigung und erkennen lebensnotwendige Zuwendung nicht als verdient an. Wertlos zu sein bedeutet aber gleichzeitig, keine Chance auf Anerkennung und Zugehörigkeit zu haben, was in der Konsequenz auch jede Lebensberechtigung ausschließt. Insofern definieren sie ihr Überleben durch das Kaschieren ihrer tief verinnerlichten Wertlosigkeit. Sie versuchen, möglichst fehlerlos zu erscheinen, begeben sich in jede Rolle, die ihnen Anerkennung verspricht, um die für sie überlebenswichtige Zuwendung zu erhalten. Nur ein gutes Kind wird gesehen und versorgt, nur ein gutes Kind darf leben. Aus dem Hintergrund der kleinstkindlichen Persönlichkeit (Abspaltungsmechanismus) nimmt dieser Bereich lebensfüllenden Raum ein. Wann immer aber eine Borderline-Persönlichkeit außerhalb ihrer Rolle in ihrer Verletzlichkeit „gesehen" oder „erkannt" wird, sieht sie sich

gleichermaßen enttarnt. Dies kann sowohl durch das Entstehen von Nähe in Beziehungen ausgelöst werden als auch durch Konflikte.

Am unerträglichsten ist für die Betroffenen das Verlassenwerden. Auch dann, wenn sie es selbst herbeigeführt haben. Ein Kleinstkind zu verlassen, würde dessen sicheren Tod bedeuten, ähnlich empfindet die Borderline-Persönlichkeit. Der verlassende, ehemalige Partner, dem die Verantwortung für den existenziellen Schmerz der Borderline-Persönlichkeit zugewiesen wird, erscheint so als alles vernichtender Mörder. Für diesen und auch für die Außenwelt ist das eine völlig überzogene Darstellung, in der Welt von Borderline aber Realität.

Abwehrmechanismen wie Projektion, Verleugnung und Spaltung negieren jede eigene Verantwortlichkeit. Welche Verantwortung kann einem Kleinstkind auch zugewiesen werden? Inwieweit ist es in der Lage, Ursache und Wirkung einzuschätzen, analytische Informationen zusammenzutragen, abzuwägen, zu schlussfolgern, zu entscheiden? Vielen Betroffenen fällt dies auf einer intellektuellen, rationalen, beruflichen Ebene leicht. In emotionalabhängigen Beziehungen aber agieren sie in der Regel aus dem kleinstkindlichem Ich heraus. Dabei sehen sie sich hoffnungslos überfordert und den Gegebenheiten völlig schuldlos ausgeliefert. Verantwortlich sind immer die anderen.

Borderline-Persönlichkeiten suchen ihre Orientierung in der Welt, indem sie diese mitunter ihrer Wahrnehmung anpassen. Die Verzerrung der Realität gehört nicht ohne Grund zu den spezifischsten Mustern Betroffener. Ihre Bezugspersonen sind mit den zahlreichen Ersatzkonflikten oft nur allzu vertraut, in denen lapidare Kleinigkeiten wahre Katastrophen auslösen können. Dabei geht es nicht um den vermeintlichen Auslöser (das Glas steht am falschen Platz), sondern eher darum, die äußere Realität an das innere Empfinden (Anspannung, Wut) anzupassen („Weil das Glas da steht, bin ich so wütend"). Können Sie sich vorstellen überwältigende Angst oder Panik zu spüren, ohne einen Grund dafür zu erkennen? Wie kann sich dann eine Handlungsfähigkeit ergeben? Fehlende Orientierung verstärken Hilflosigkeit und Ohnmacht. Blankes Chaos und Entsetzen führen schließlich zu unerträglicher Spannung. Abhilfe schaffen dann allein Interpretationen, die sich an dem verinnerlichten, feindlichen Weltbild orientieren. So führt die nicht sofort beantwortete SMS zur vorsätzlichen Zurückweisung, die Verspätung zur Offenbarung der bevorstehenden Trennung. Ihr Leben ist eine Aneinanderreihung von Katastrophen, Chaos und Verlassenheit.

Verbleibt nach einer Trennung ein Kind in der Obhut einer Borderline-Persönlichkeit, kann es zum gesamten (Über-)Lebensinhalt werden. Es dient als Zielscheibe der Befindlichkeiten, Projektionsfläche, Spannungsableiter, Identifikationspartner oder Zugriffsmöglichkeit auf den Ex-Partner. Die Abhängigkeit des/der Betroffenen von seinem Kind potenziert sich um ein Vielfaches. Ambivalenzen schließt das allerdings nicht aus. Das Kind, im Rahmen der Verschmelzung als Verlängerung des eigenen Ichs gesehen, kann ebenso gehasst wie geliebt werden, ebenso kann der ehemalige Partner in dem Kind wahrgenommen werden, mit der entsprechenden Konsequenz.

Die Emotionalität einer verlassenen Borderline-Persönlichkeit ist identisch mit dem Abgetrenntsein des Säuglings von der Mutter. Jeder Mensch hat diese emotionale Erfahrung in sich abgespeichert. Menschen aber, die an einem Borderline-Syndrom leiden, reaktivieren diese Erfahrung unverändert lebensbedrohlich in jedem Verlust einer Bezugsperson. Das extrem schmerzhafte, intensive Erleben passt nicht in die (erwachsene) Realität, ist aber für die/den Betroffenen real erlebbar. Das tiefe (symptomatische) Empfinden, ein Opfer zu sein, ausgesetzt, gedemütigt, misshandelt, ignoriert und abgestoßen – findet aber seinen realen Hintergrund in der Tatsache, einem Täter (Vergewaltiger, Stalker, Kindesentführer) ausgeliefert zu sein. Wenn sich Betroffene als Opfer wahrnehmen, führt das unweigerlich zur Schaffung eines Täters.

Mit jeder Inszenierung vermischt sich die Verzerrung der Realität mit den tatsächlichen Gegebenheiten. Die Verantwortungsübertragung nach außen wird als berechtigt angesehen, Spaltung und Projektion wirken in ihrer Inszenierung auch für Außenstehende angebracht und real. Da Betroffene mit ganz authentisch erlebter Emotionalität ihre Rollen darstellen, wirken sie in diesen auch absolut kongruent, was in involvierten Personen oft das gewünschte Mitgefühl und die entsprechende Unterstützungsbereitschaft auslöst. Wenn sie in der Folge mit ihrer Inszenierung und Instrumentalisierung anerkannt werden und die gewünschte Zuwendung erhalten, scheinen sie wieder fehlerlos, als Opfer eines Täters, ohne jede Verantwortung. Oft erhalten sie das Mitgefühl der offensiv involvierten Bekannten, Verwandten, Fürsorger, Anwälte etc. und sind erst dadurch in der Lage, sich eine neue Orientierung zu schaffen, die mit den nun erfolgreichen Maßnahmen auch erhalten werden muss.

Nur ein gutes Kind darf leben.

Weitere borderline-typische Maßnahmen im Kampf um das Kind

Nach Trennungen in Borderline-Beziehungen geht es der Borderline-Persönlichkeit oft nicht tatsächlich um das Kind und dessen Wohlergehen, sondern nach wie vor ausschließlich um die Absicherung der eigenen Bedürfnisbefriedigung. Dazu gehört in der Regel auch der weitere Zugriff auf das Kind. Unabhängig von der bereits erwähnten Kindesentfremdung werden von Betroffenen aber mitunter auch Maßnahmen ergriffen, welche die empfundene eigene Zerstörung auf den verlassenden Partner übertragen. Fühle, was ich fühle. So bleibt die Verschmelzung auch noch nach der Trennung präsent, wenn das Empfinden an Ohnmacht und Ausgeliefertsein beide Partner betrifft. Frei nach dem Motto „Ich habe meine Existenz verloren, jetzt verlierst du die deine" kann es zu Übergriffen kommen, die den rabenschwarz besetzten Ex-Partner existenziell nicht nur bedrohen, sondern tatsächlich vernichten. Positiver Nebeneffekt der generellen Feindvernichtung ist die uneingeschränkte Verfügung über das Kind.

Nachdem ich mich von Matthias getrennt hatte, zog ich mit unserem Sohn (2) zu einer Freundin. Nur wenige Tage später erschien in der hiesigen Tageszeitung eine eindeutige Anzeige mit unserer Telefonnummer unter der Rubrik „Erotische Dienstleistungen". Parallel dazu zeigte Matthias mich beim Jugendamt an, dass ich unseren Sohn vernachlässigen würde und schon in der Beziehung nächtelang abwesend war (Tina, 28, Kosmetikerin).

Ich arbeite in einer Kleinstadt als Physiotherapeut. Mit meiner Frau habe ich zwei gemeinsame Kinder (1 und 3) ein Drittes hatte sie mit in die Ehe gebracht. Nach gut 4 Jahren habe ich mich vor wenigen Monaten von ihr getrennt, seitdem hab ich die Kinder nicht wiedergesehen. Vor etwa zwei Wochen habe ich ein Schreiben von meiner Krankenkasse und der hiesigen Polizei erhalten, wonach mir von einem „Beobachter" unterstellt wurde, dass ich in meiner Praxis Kinder missbrauche. Auch wenn das Ganze erstunken und erlogen ist, ich hab nicht die geringste Chance, wenn das auch nur im Ansatz als Gerücht seine Runde macht. Mit dem Vorwurf der Pädophilie wäre ich wohl auch als Vater erledigt (Martin, 35, Physiotherapeut).

Da ich hauptsächlich mit Partnern von Borderline-Persönlichkeiten arbeite und viele in und nach der Beziehung sowie auch durch den Trennungsprozess begleite, erhalte ich in meiner praktischen Arbeit auch einen interessanten Einblick in sich auffallend oft wiederholende Muster. Die anscheinend typischen weiblichen Versuche, den ehemaligen Partner zu vernichten, sind vorwiegend:

- Der Vorwurf der Vergewaltigung
- Stalking (Telefon- und SMS-Terror, Verfolgung)
- Kindesmissbrauch
- Anzeigen beim Finanzamt wg. Steuerhinterziehung
- Der Vorwurf der körperlichen Gewalt in und nach der Beziehung (oft attestiert und mit Fotos von Blutergüssen und Schnittverletzungen belegt)
- Diffamierung beim Arbeitgeber (Betrug, Untreue, Nutzung erotischer Webseiten im Dienst)
- Rufmord und soziale Isolierung (Beeinflussung von Verwandten und Freunden)

Bei den von männlichen Borderline-Persönlichkeiten ausgehenden Übergriffen bin ich häufig auf folgende gestoßen:

- Sexuelle Diffamierungen (Vorwurf der Prostitution, sex. Erkrankungen wie HIV, eindeutige Anzeigenschaltung)
- Vorwurf der Kindesmisshandlung bzw. Kindesvernachlässigung
- Ebenfalls Rufmord mit dem Ziel der sozialen Isolation
- Verweigerung von Unterhaltszahlungen
- Zerstörung von arbeitstechnischen materiellen Werten (Reifen zerstechen, wenn das Auto beruflich genutzt wird)
- Eingriff in eventuelle neue Beziehungen (Bedrohung des neuen Partners)
- Stalking (Telefon- und SMS-Terror, Verfolgung, Zusenden von unerwünschten Gegenständen)

Auch wenn sich die Maßnahmen der Betroffenen leicht unterscheiden, verfolgen sie doch das gleiche Ziel, den ehemaligen Partner möglichst umfassend zu verunsichern, zu destabilisieren und letztendlich zu vernichten. Derartige Aktivitäten, wenn sie ohne realen Hintergrund und ausschließlich der Vernichtung der einstigen Bezugsperson dienen, können nur als antisozial, bösartig und vorsätzlich wahrgenommen werden. Der immense Aufwand, den Betroffene investieren, tendiert oft zur Obsession und scheint fast notwendig, um die nach der Trennung entstandene entsetzliche Leere auszufüllen. Angesichts der spezifischen Borderline-Symptomatik nehme ich aber auch diese offensichtlich bösartigen Verhaltensweisen als weitere Bewältigungsmechanismen wahr.

Borderline heißt, im ständigen Krieg mit sich und der Welt zu sein. Der Zustand, der sich aus den o. g. Übergriffen ergibt, bedeutet durchaus ein vertrautes Erleben für die Betroffenen. Sie halten so weiterhin die Beziehung aufrecht, da der Kontakt, auch wenn er negativ verläuft, durchaus da ist. Sie ermöglichen sich die oft aufrecht erhaltene Kontrolle über den ehemaligen Partner und können Einfluss auf dessen Leben nehmen. Sie übertragen die eigene Emotionalität und das gelebte Chaos auch weiterhin auf den anderen und erhalten so auch den Zustand der Verschmelzung. Als Resonanz erfahren sie von ihrem ehemaligen Partner negative Zuwendung, die ihnen durchaus vertraut und angesichts des Selbstbildes sogar angemessen erscheint. Und sie schaffen es sehr häufig, die Täter-Opfer-Konstellation so zu verdrehen, dass sie von Außenstehenden Aufmerksamkeit, Mitgefühl und Zuwendung zu erhalten. Oft erscheinen ihnen selbst die destruktivsten Aktivitäten als gerechtfertigt, schließlich wurden sie zuerst verletzt. Ursache und Wirkung werden kaum in einen Zusammenhang gebracht, Betroffene sehen sich im-

mer wieder als Opfer, die also zwingend zurückschlagen müssen. Nicht selten erfolgen auch nach den drastischsten Übergriffen Kommentare wie: „Ich musste mich ja irgendwie wehren, er/sie hat das verdient, er/sie hat das provoziert."
Auch an dieser Stelle wieder ein betonter Nachsatz meinerseits. Ich begegne derartigen Konstellationen in meinem beruflichen Alltag immer wieder, was aber nicht bedeutet, dass derartige Muster von jeder Borderline-Persönlichkeit genutzt werden. Ich arbeite ebenfalls mit Klienten, deren Borderline-Partner nach erfolgter Trennung den Umgang mit den Kindern nicht behindern und auch sonst keinerlei der o. g. Aktivitäten zeigen.
Borderline heißt vor allem, ohne Einfühlung in andere, beständig auf die eigene kleinstkindliche Bedürftigkeit bezogen zu sein. Das bedeutet aber nicht, dass sie zwingend und zielgerichtet anderen Menschen Schaden zufügen wollen. In welcher Form Betroffene versuchen, mit der aus der Trennung resultierenden existenziellen Krise umzugehen, kann und darf nicht verallgemeinert werden. Trotzdem ist es mir wichtig, auch und gerade diese drastische Massivität an destruktivem Potenzial anzusprechen, mit der ich in meiner Arbeit oft konfrontiert werde. Der Blickwinkel sollte so umfassend sein, dass es involvierten Helfern (Juristen, Verfahrenspflegern, Familienhelfern) möglich sein muss, Situationen realistisch einschätzen zu können.
Priorität sollte das aus der Beziehung stammende Kind haben und nicht die Zerwürfnisse und störungsrelevanten Bewältigungsmechanismen der Eltern!

Wie gehe ich damit um?

Sollten Sie als Elternteil sich in beständigen, hochdramatischen Konflikten mit ihrem ehemaligen Partner befinden und vermuten, dass hier borderline-typische Muster einfließen, wäre es außerordentlich hilfreich, wenn Sie Maßnahmen zu ihrem Schutz und den des Kindes ergreifen würden. Nein, es geht dabei nicht darum, jemandem eine Diagnose aufzudrücken, eigene Verletzungen durch Gegenverletzungen zu kompensieren oder sich einfach nur durchzusetzen. Borderline befindet sich auf der kindlichen Ebene. Für ein Kind aber ist es überlebensnotwendig, dass zumindest ein Elternteil aus einer erwachsenen, fürsorglich-unterstützenden Ebene heraus handeln kann!
Machen Sie sich zunächst einmal ganz bewusst, dass die Welt „Borderline" eine ganz und gar Eigenständige ist. Eine Welt, die nichts mit der Ihren gemeinsam hat. Eine Schwarz-Weiß-Welt, in der es ohne Kategorisieren keine Orientierung gibt. Dazwischen herrscht Chaos und Desorientierung und dazu gehört alles, was aus der Grauzone in die Borderline-Welt gerät. Es ist die Welt eines ausgesetzten Kleinstkindes, das mit seinen wenigen Möglichkei-

ten überleben will und in einem fremden, großen Körper existiert, dem es irgendwie nicht gerecht werden kann. Alles bleibt fremd und feindlich und wenn etwas den Anschein hat, vertraut zu sein, verändert es sich irgendwann und scheinbar unerklärlich ins Bedrohliche, und es bleiben wieder nur Enttäuschung und Schmerz, die nur noch durch die unstillbare Leere übertroffen werden.

1. Differenzieren Sie sich!
Um sich differenzieren zu können, ist es nötig, sich aus der auch nach der Trennung noch vorhandenen Verschmelzung zu lösen. Außerhalb einer vertrauten Verschmelzung fühlen sich auch Partner von Betroffenen oft leer und haltlos. Machen Sie sich Ihre Eigenständigkeit bewusst. Übernehmen Sie die Verantwortung für Ihren Teil an der Beziehung und auch an deren Verlauf. Klären Sie die Ursachen, warum Sie sich in eine derartige Beziehungskonstellation begeben haben. Borderline-Persönlichkeiten zeigen Symptome, die aus den Merkmalen der Störung resultieren. Ihr Symptom ist die Tatsache, eine derartige vermelzende, verschlingende Bindung eingegangen zu sein. Suchen Sie sich kompetente Hilfe, die Sie reflektiert, und Sie dabei unterstützt, sich zu stabilisieren. Stellen Sie sich Ihren Defiziten und Ihrer Abhängigkeit von äußerer Reflektion und haben Sie den Mut, sich Ihrem eigenen Hintergrund zu stellen. Oft steht hinter der Borderline-Persönlichkeit eine Bezugsperson aus Ihren ersten Lebensjahren, an deren Seite Sie lernen mussten, dass Instabilität, wechselhafte Zuwendungsbereitschaft und Selbstverleugnung, zu einer Bindung dazugehören. Machen Sie sich mit Ihren Mustern, Glaubenssätzen und Ängsten, vertraut, damit Sie keinen destruktiven Gegenpart mehr brauchen, um in Kontakt mit sich zu kommen.

2. Veränderung der Kommunikation
Auch wenn es schwerfällt, versuchen Sie die irritierenden und oft bösartig erscheinenden Aktionen nicht als Angriff gegen Ihre Person zu sehen, sondern als Abwehr und Bewältigungsmechanismen einer defizitären, gestörten Persönlichkeit. Dies soll die oft höchst zerstörerischen Aktivitäten, denen Sie sich ausgesetzt sehen, nicht bagatellisieren. Es geht dabei vor allem darum, die Geschehnisse aus einer gewissen emotionalen Distanz wahrzunehmen. Nur so haben Sie auch eine Chance, Projektionen zu entgehen und sich nicht auf dem oft hasserfülltem Schlachtfeld positionieren zu lassen. Reagieren Sie möglichst niemals impulsiv auf unvorhergesehene Konfrontationen. Lernen Sie, sich selbst Zeit und Empathie zu geben, um hilfreiche und durchdachte Entscheidungen treffen zu können. Integrieren Sie Bestandteile der gewaltfreien Kommunikation (M. B. Rosenberg) und der SET-Kommunikation in Ihre innere Kommunikation und Ihre Kontakte und lernen Sie, sich klar zu arti-

kulieren und abzugrenzen. Versuchen Sie in jeder Auseinandersetzung, beim Thema zu bleiben und sich nicht auf die typischen Muster der Themenvermischung und -verzerrung einzulassen.

3. Stabilität!
Arbeiten Sie an Ihrer Stabilität! Halten Sie jede Zusage ein und bleiben Sie selbst konsequent, was eventuelle Forderungen Ihrerseits betrifft.

4. Absicherung
Sollten persönliche Absprachen im Nachhinein verzerrt werden und für Verleumdungen, Manipulationen oder ungerechtfertigten Anzeigen genutzt werden, setzen Sie sich, zumindest was wichtige Absprachen betrifft (Umgang, Abholzeiten) nur noch in schriftlicher Form auseinander. Wenn nötig, fertigen Sie im Nachhinein eine Notiz zur erfolgten Absprache an und senden Sie eine Kopie an das andere Elternteil. Gegebenenfalls kann es auch hilfreich sein, eine dritte Person in die Kontakte einzubinden, welche durch ihre Anwesenheit Konfliktverhalten reduzieren kann oder im Bedarfsfall Zeugnis ablegen kann. Dabei sollte es sich um eine neutrale Person handeln. Keinesfalls um eine/n neue/n Partner/in. Es versteht sich von selbst, dass eine derartige Konfrontation eher zu einer Eskalation führen würde.

5. Notieren Sie sich Wesentliches!
Führen Sie eine Art stichpunktartiges Tagebuch. Wann gab es Kontakt, aus welchem Grund und mit welchem Ergebnis? Welche Maßnahmen haben Sie ergriffen und was ergab sich daraus. Notieren Sie sowohl eventuelle Übergriffe und Drohungen als auch Ihre Reaktionen darauf.

6. Klärung der Situation
In welche Richtung soll sich die Situation entwickeln? Ein gemeinsames, elterliches Sorgerecht befindet sich in einer für die meisten Borderline-Persönlichkeiten unzugänglichen Grauzone. Welche Möglichkeiten sind zu realisieren? Nutzen Sie anwaltliche Beratung zum Thema Umgangsrecht, Sorgerecht und Aufenthaltsbestimmungsrecht. Wollen Sie Ihr Kind als stabile Bezugsperson begleiten, während es bei seinem Borderline-Elternteil verbleibt, oder wollen Sie es ganz zu sich nehmen? Welche Schwierigkeiten können dabei auftreten, wer könnte Sie unterstützen?

7. Kontakt zum Kind
Der möglichst stabile Kontakt zum Kind sollte oberste Priorität haben. Nutzen Sie, wie bereits angeraten, hier möglichst anwaltliche Beratung. Aus der Zusammenarbeit mit einer Anwältin weiß ich, dass es hier mitunter strate-

gisches Vorgehen braucht und infolgedessen gerade der Verzicht auf einen Kontakt zum Kind, weitere absichern kann. Nutzen Sie niemals ähnliche Maßnahmen, wie ich sie unter dem Thema Elternentfremdung beschrieben habe. Das wichtigste für Ihr Kind ist, dass es bei Ihnen Stabilität und angemessene Reflektion erfährt. Versuchen Sie, bei Ihrem Kind die Konsequenzen der Borderline-Prägung wahrzunehmen und entsprechend hilfreich darauf einzugehen. In einem späteren Kapitel werde ich noch auf einige der typischen, oft schwer nachvollziehbaren Verhaltensweisen dieser Kinder eingehen. Sehen Sie Ihr Kind nicht als Verlängerung des Borderline-Elternteils! Auch wenn sich im Verhalten Ihres Kindes derartige Züge zeigen, differenzieren Sie Ihr Kind. Es braucht dringend Ihre Unterstützung, sich als eigenständig wahrnehmen zu können. Schaffen Sie emotionale Nähe, akzeptieren Sie nach Möglichkeit Entscheidungen Ihres Kindes, wenn sie nicht selbstgefährdend oder antisozial sind. Geben Sie ganz bewusst den Gegenpol der Borderline-Persönlichkeit. Es darf anders sein, es darf selbst fühlen, es darf anders denken und anderes wollen, ohne dafür bestraft zu werden. Erweitern Sie die Kontakte Ihres Kindes – holen Sie es aus der Isolation. Vermitteln Sie ihm resiliente Techniken, mit denen es sich in schwierigen Situationen behelfen kann. Resilienz bedeutet soviel wie Widerstandskraft und die dazugehörigen Techniken, ermöglichen dem Kind eine bessere Selbsthilfe in Krisensituationen. Eine entsprechende Liste dieser Techniken finden Sie am Ende dieses Buches.

8. Beziehen Sie klar und deutlich Position!
Lassen Sie strafrechtliche Vorwürfe niemals im Raum stehen. Der Vorwurf von Kindesmissbrauch oder –vernachlässigung kann drastische Konsequenzen für Ihren Umgang haben. Anwaltlicher Beistand in Form der Androhung einer Unterlassungsklage unterbindet klar weitere rufschädigende Aktivitäten.

9. In der Kommunikation mit Ämtern
Menschen neigen zum Schubladendenken. Ansprechpartner bei Ämtern sind da keine Ausnahme, im Gegenteil. Arbeit erledigt sich am schnellsten, wenn sie möglichst schnell zugeordnet werden kann. Ein besonders großes Schubfach heißt hier „Beziehungskonflikt". Da eine Unzahl an Elternpaaren sich tatsächlich über ihre Kinder mit- oder besser gesagt gegeneinander auseinandersetzt, ist es z. B. Mitarbeitern des Jugendamtes oder der Fürsorge mitunter kaum möglich wahrzunehmen, wo defizitäre Persönlichkeitsstrukturen eines Elternteils für das Kind zur Gefahr werden. Lassen Sie sich, auch wenn das viel Kraft erfordert, niemals auf eine emotionale Projektion Ihres Borderline-Partners ein, indem Sie Ihre Wut, Ohnmacht oder Hilflosigkeit vor einem

zuständigen Beamten ausagieren. Einem meiner Klienten wurde daraufhin seitens seiner betroffenen Partnerin unterstellt, dass er am Borderline-Syndrom leide. Aufgrund seines überschäumenden und ungebremsten (wenn auch nachvollziehbaren) Verhaltens, gab es amtliche Zeugen für sein unangemessenes Verhalten. Seien Sie also immer bemüht, Ihre Belange sachlich und klar auszudrücken.

Wo kann ich Unterstützung finden?

Das Jugendamt
Zu Beginn meiner Arbeit mit Borderline-Partnern und Müttern oder Vätern, die sich um ihre Kinder bemühen, habe ich auch immer wieder angeregt, die Unterstützung des Jugendamtes zu nutzen. Selbstverständlich ist es unausweichlich, bestimmte Schritte und Vorgehensweisen einzuhalten. Insofern ist es auch unvermeidbar, das Jugendamt zu involvieren. Da Vertreter dieser Institution nach meinen bisherigen Erfahrungen in der Regel aber wenig oder keinen Zugang zur Thematik Borderline haben, fehlt die Möglichkeit, die Situation in ihrer Eindringlichkeit zu erfassen. Leider kann die massive und umfassende Gefährdung des Kindes so auch nicht realistisch eingeschätzt werden. Erschwerend kommt hinzu, dass der tief greifende emotionale Missbrauch des Kindes (Hemmung und/oder Zerstörung der Identität) oft keine offensichlichen Spuren hinterlässt und so als Misshandlung nicht wahrgenommen wird. Wenn doch, wird er in der Regel als „nicht so schlimm" abgetan. Emotionale Misshandlung hat noch immer kaum Relevanz. Hier ist eine objektive, gut strukturierte Zuarbeit des nichtbetroffenen Partners in Form von sachlichen und klaren Aufzeichnungen, Schilderungen und Beobachtungen unabdingbar. Dabei sollte jeder beziehungsorientierte Konflikt (persönliche Vorwürfe aus der Beziehungsebene an den ehemaligen Partner) vermieden werden, um nicht das Vorurteil einer reinen Beziehungsproblematik zu bedienen. Priorität sollte das Kind und dessen Belange haben, was der Partner eines/r Betroffenen auch immer wieder sachlich und klar vermitteln sollte.

Ein Familienrechtsanwalt
Mithilfe eines Anwaltes sollten Sie zunächst einmal Ihre konkrete rechtliche Situation klären und welches Ziel Sie erreichen möchten und können. Bevor Sie eigenmächtige Entscheidungen bei Konflikten auf der Umgangsebene mit dem Kind treffen, sollten Sie sich über die Konsequenzen im Klaren sein. Es kann durchaus sein, dass Sie in Ihrer Hilflosigkeit und Ohnmacht dazu neigen, impulsive Handlungen zu begehen, die Ihnen und dem Kind letztlich schaden.

Es ist wichtig, dass sich der entsprechende Anwalt mit der Borderline-Thematik auskennt, da die begleitenden typischen Verhaltensweisen verstanden und erkannt werden müssen, um wirklich konstruktiv zu handeln.

Ein Kinderpsychologe
Sollte es Ihnen möglich sein, sorgerechtlichen Einfluss zu nehmen, ist es dringend anzuraten, dem Kind psychologischen Beistand zu ermöglichen. Zum einen hat Ihr Kind so eine stabile, wertschätzend reflektierende Bezugsperson, zum anderen können so Auffälligkeiten dokumentiert werden, die für gerichtliche Entscheidungen wesentliche Impulse liefern können.

Der Kindernotdienst
Im Notfall, also z. B. bei körperlicher und seelischer Misshandlung, sexuellem Missbrauch, Verwahrlosung, Vernachlässigung, Alkohol- und Drogenmissbrauch des Elternteils oder einer Wegläuferproblematik (das Kind läuft immer wieder weg), können und sollten Sie den akuten Krisendienst des Kindernotdienstes nutzen. Hier besteht die Möglichkeit einer kurzfristigen Aufnahme des Kindes, sodass es, auch bei ungeklärten Sorgerechtsproblemen, sicher untergebracht ist. Weiterhin erfolgt auch hier eine entsprechende Beratung und Dokumentation des Geschehens.

Der sozialpsychiatrische Dienst
Hier wird psychisch gestörten Menschen und deren Angehörigen Beratung und Hilfe angeboten. Diese Hilfe wird unabhängig von einer Diagnose gestellt und kann im Rahmen einer kompetenten medizinischen Begleitung auch zu einer Diagnostik führen. Als Angehörige/r finden Sie hier Beratung und gegebenenfalls kontinuierliche Betreuung, die sowohl Hausbesuche beinhalten kann, als auch die Vermittlung einer weiterführenden Therapie. Diese Hilfe kann von jedem Bürger kostenfrei in Anspruch genommen werden. In den meisten sozialpsychiatrischen Diensten sind Fachärzte für Psychiatrie, Neurologie und Psychotherapie sowie Sozialarbeiter und -pädagogen tätig. Mitunter werden diese durch Krankenpflegekräfte, Ergotherapeuten und Psychologen unterstützt. Sozialpsychiatrische Dienste sind Teil des öffentlichen Gesundheitsdienstes. In den meisten Fällen sind sie den Gesundheitsämtern angegliedert. Insbesondere da, wo die gesunde Entwicklung eines Kindes gefährdet ist, sollten Sie keine Scheu haben, diese Dienste in Anspruch zu nehmen.
Um Sie mit der Arbeit und den Anliegen dieser unterstützenden Institutionen etwas vertrauter zu machen, habe ich direkten Kontakt zu dort tätigen Personen aufgenommen. Vielleicht geben Ihnen die nachfolgenden Interviews etwas Orientierung bei der Suche nach einem geeigneten Gesprächspartner.

2. Im Gespräch mit ...

... Frau Schulze, Leiterin des sozialpsychiatrischen Dienstes Berlin-Lichtenberg

Welche Unterstützung können Sie Angehörigen von Borderline-Persönlichkeiten anbieten?
Jeder, der sich in einer solchen Beziehung sieht und bei der Bewältigung der dort auftretenden Probleme Unterstützung benötigt, kann sich an uns wenden. Wir stehen beratend zur Seite, können aber auch andere Ansprechpartner vermitteln, die ebenfalls unterstützend wirken. Wir stehen auch dann zur Verfügung, wenn der oder die Betroffene und der Partner eine gemeinsame Beratung wünschen.
Wir sind vor allem dann Ansprechpartner, wenn die Borderline-Persönlichkeit durch ihr Verhalten sich selbst oder andere gefährdet. Wenn also ein Angehöriger sich, sein Kind oder auch seinen Borderline-Partner durch dessen Verhalten in Gefahr sieht, sollte er sich unmittelbar mit uns in Verbindung setzen. Wenn eine Selbst- oder Fremdgefährdung nachweisbar ist, fällt dies grundsätzlich in die Zuständigkeit des Gesundheitsamtes und gehört zu dessen hoheitsrechtlichen Aufgaben. Wir sind bei krankheitsbedingter Gefährdung berechtigt und verpflichtet, einzugreifen. Im akuten Notfall, z. B. bei suizidalen Drohungen, kann dies auch zu einer Klinikeinweisung führen. Hierfür ist allerdings ein zwar kurzfristiges, aber dennoch aufwendiges amtsgerichtliches Antragsverfahren notwendig.
Angehörige, die sich durch die Symptomatik einer Borderline-Persönlichkeit überfordert sehen, können sich jederzeit an uns wenden. Sollten sie allerdings die Erwartungshaltung einer Diagnostik an uns herantragen, können wir dem nicht entsprechen. Das können ausschließlich Betroffene selbst verlangen. Der Auftraggeber einer Diagnostik kann keine dritte Person sein, sondern allenfalls eine Institution, wie das Jugendamt oder das Familiengericht. Diese bestellen dann für diesen Zweck einen speziellen Gutachter. Wir sind aber unter Umständen bereit, den Betreffenden anzuschreiben und ihm eine Beratung anzubieten. Ob er sie in Anspruch nimmt, ist aber seine freiwillige Entscheidung.

Was müssen Angehörige oder Partner tun, um Ihre Hilfen in Anspruch zu nehmen?
Angehörige sollten die Zuständigkeit beachten und sich an den jeweiligen sozial-psychiatrischen Dienst in ihrem Stadtbezirk wenden, wenn es um die Klärungen ihrer Probleme und Fragen geht. Wenn der Betroffene in einem

anderen Bezirk lebt und sich die Beratung thematisch auf diesen konzentriert, sollte der entsprechende Dienst in dessem Bezirk aufgesucht werden. Dies kann z. B. der Fall sein, wenn konkrete Maßnahmen ergriffen werden müssen, die eine Selbstgefährdung ausschließen oder beobachten sollen.

Können konkrete Hilfen vermittelt werden, die involvierte Kinder betreuen oder auf misshandelnde Muster Einfluss nehmen (Beobachtung, Kontrolle)? Wenn ja, wie sehen diese Hilfen aus?
Wir verweisen in unsere Beratung dann grundsätzlich an das Jugendamt. Dort werden dann entsprechende Hilfen wie z. B. eine Unterstützung im Rahmen der Familienhilfe in die betroffenen Familien integriert. Im Rahmen von Hilfekonferenzen haben gefährdete Kinder höchste Priorität, sodass eine enge Zusammenarbeit zwischen uns und dem Jugendamt unumgänglich ist. Diese familiären Hilfen integrieren dann in das instabile familiäre Umfeld eine stabile Bezugsperson, die sich dann ausschließlich dem Kind zuwendet.

Partner von Betroffenen leiden oft darunter, nicht ernst genommen zu werden. Häufig zweifeln sie an ihrer Wahrnehmung, sind verunsichert und selbst instabil. Gibt es für deren spezifische Problematik Ansprechpartner?
Derartige Beratungen fallen nicht in unseren Bereich. Hier kann ich aber an die lokalen Krisendienste verweisen. Der Berliner Krisendienst steht Hilfesuchenden in akuten seelischen Notsituationen oder familiären Konflikten zur Verfügung.

Welchen Stellenwert würden Sie der Aussage beimessen, dass eine diagnostizierte Borderline-Persönlichkeit die Fähigkeit besitzt, sich in einer „stabilen" Phase selbst stabil zu halten, womit eine Kindesgefährdung ausgeschlossen werden kann?
Diese Frage kann nicht pauschal beantwortet werden. Um eine Kindesgefährdung verantwortungsvoll ausschließen zu können, sollte immer eine individuelle, personen- und situationsbezogene kompetente Begutachtung stattfinden.

Wann sollten Partner von Borderline-Persönlichkeiten immer den sozialpsychiatrischen Dienst einschalten?
Wenn der Betroffene sich oder andere akut in Gefahr bringt. Dabei geht es nicht um die Selbstverletzungen, die sich Betroffene zur Spannungsregulation beibringen, sondern um konkrete lebensbedrohliche Verhaltensweisen. Dazu gehört sowohl die Androhung eines Suizides, als auch die Androhung Familienangehörigen etwas anzutun.

Wie schätzen Sie die Aufklärungsarbeit im Bereich Borderline ein? Gibt es in diesem Bereich für Sie Defizite?
Ich schätze die Aufklärung zu dieser Thematik als sehr gut ein. Sowohl hier im Haus als auch in den amtlichen Bereichen, mit denen wir kooperieren, ist Borderline jedem ein Begriff. Ich denke, dass das gesellschaftliche Bewusstsein sich hier in den letzten Jahren sehr weiterentwickelt hat und dass es keinerlei Unsicherheiten diesbezüglich gibt. In den hiesigen Berliner Jugendämtern können die Mitarbeiter kompetent mit der Problematik umgehen und sind so auch in der Lage, entsprechend darauf zu reagieren.

... Dagmar Engwicht, Rechtsanwältin für Ehe- und Kindschaftsrecht

Sie gehören zu den wenigen Familienrechtsanwältinnen, die mit dem Begriff Borderline vertraut sind, und sind auch in entsprechende Sorge- und Umgangsrechtsfälle involviert. Um was geht es in diesen Fällen vorrangig?
Oft um einen sehr streit- und emotionsbelasteten Kampf um das Kind. Ich denke, man sollte sich bei jedem Extremfall die Frage stellen, ob ein Borderline-Hintergrund vorliegen könnte. Mit Extremfällen meine ich vor allem diejenigen, bei denen sich die Eltern mit großem Energieaufwand und auffallend starken, oft gegenseitigen Ablehnungsgefühlen, um das Kind/die Kinder streiten. Dabei wird jedes Problem, jeder kleinste Vorfall und Vorwurf, gern dramatisch geschildert, Inhalt des Verfahrens. Oft fehlen Sachlichkeit, grundsätzliche Kompromissbereitschaft und der Fokus Kind, denn es geht im Grunde vorrangig um eigene Verletzungen und Enttäuschungen. An eine Borderline-Problematik sollte auch gedacht werden, wenn die Kinder den Umgang verweigern oder zumindest auffällig einen Elternteil verteidigen und den anderen ablehnen oder permanent kritisieren. Allein aus diesen Fakten ist allerdings noch nicht zu erkennen, welcher Elternteil nun gerade erhöhte Borderline-Züge aufweisen könnte.
Ich selbst kann ja auch nur mit meinem erarbeiteten Wissen, mit meinen Erfahrungen und meinem konkreten Verdacht arbeiten, das heißt, ich stelle keine ärztliche Diagnose und darf mir auch bezüglich meines Verdachts nie sicher sein, zumal ich den anderen Elternteil oft nur im Gerichtsverfahren persönlich erlebe und die Wahrnehmungen wiederum nur vom Mandanten gefiltert bekomme. Das heißt, ich muss mich hinsichtlich meines Verdachts auch ständig hinterfragen, ob ich mich nicht doch täusche.
Hinzu kommt, dass es unterschiedliche Stufen und Phasen oder auch Vorstufen der eigentlichen Erkrankung gibt, weshalb ohne eine konkrete ärztliche Diagnose wahrscheinlich ohnehin nur von erhöhten Borderline-Zügen oder -prägungen gesprochen werden kann.

Woran erkennen Sie, dass die Probleme, mit denen die jeweiligen Väter oder Mütter an Sie herantreten, wahrscheinlich einen von Borderline geprägten Hintergrund aufweisen?

Häufig ahnen diese Mütter und Väter nicht einmal, dass sich hinter ihrem Erleben mit dem Partner eine Symptomatik versteckt. Das wiederum hat oft etwas mit dem mangelhaften Wissen um diese Persönlichkeitsstörung zu tun, da die meisten glauben: „Borderliner – das sind doch die, die sich immer die Arme aufritzen." Dass die Symptomatik viel komplexer und in allen Schichten vertreten ist, wobei auch die Arbeitsfähigkeit nicht ausgeschlossen ist, wissen oft die wenigsten.

Ich kann Ihnen keine vollständige Liste mit Kriterien für die Sorge- und Umgangsverfahren nennen, das würde den Interview-Rahmen sprengen. Von den meines Erachtens deutlichen Auffälligkeiten kann ich nur einige herausgreifen.

Dabei muss zwischen den verschiedenen Trennungsphasen und -formen, Geschlechtern und verschiedenen Betreuungssituationen unterschieden werden:

Wird der Borderliner von seinem Partner verlassen, gerät er in einen absoluten Ausnahmezustand. Es geht dabei aber nicht um die typischen trennungsbedingten Schmerzen und Verletzungen, die ja auch von jedem anderen durchlebt werden müssen, um loslassen zu können.

Für Betroffene ist das Verlassenwerden extremer, es ist der „Abgrund", den aber Außenstehende kaum wahrnehmen können, weil nach außen eine vermeintliche Sicherheit - eine Fassade - regelrecht zur Schau gestellt wird. Zu spüren ist es nur insofern, als vom Borderline-Geprägten versucht wird, den anderen mit allen Mitteln zu vernichten, ihn für das Verlassen zu bestrafen. Auffällig ist hier z. B. die typische Schwarz/Weiß-Beurteilung (beim Borderliner gibt es ohnehin kaum Grautöne). Die Beziehung mit dem Partner wird im Nachhinein als „Zumutung" geschildert (oft frauentypisch), sämtliche negativen Eigenschaften und Laster werden auf den (männlichen) Partner projiziert, er wird z. B. als gewalttätig, alkohol-, drogen- und spielsüchtig geschildert, hat sich nie um die Familie, geschweige denn um das Kind gekümmert, nur vor dem Computer gesessen usw.

Dieses Schwarzmalverhalten wird nicht selten mit diversen Polizeieinsätzen und -anzeigen wegen Körperverletzung, Nötigung, Stalking kombiniert. Sich selbst inszeniert der Borderlinegeprägte als ausschließliches Opfer (Verantwortung, eigene Schuldanteile kennt der Borderliner nicht).

Diese „Bösartigkeit" zieht sich meist durch alle Schriftsätze, die an das Gericht geschickt werden. Selbst wenn diese vom Anwalt formuliert wurden, haben diese Schreiben denselben Stil, denn es wird ein „geeigneter" Anwalt solange gesucht und letztlich immer gefunden, der sich anstecken lässt und kritiklos, energiereich und ausnahmslos die Interessen des Borderliners vertritt.

Nach meiner Beobachtung kann dieses aggressive, verteufelnde Verhalten eine Abschwächung erfahren, wenn noch kein neuer Lebenspartner vorhanden ist und so also zumindest die Chance für ein „Zurück" vorhanden ist. Das gilt auch dann, wenn die Trennung vom Borderline-Geprägten selbst ausgegangen ist. Oft liegt die Motivation des Betroffenen nicht darin, ein eigenverantwortliches und eigenständiges Leben zu führen, sondern eine noch intensivere, verschmolzene Beziehung anzustreben. Dabei will er zukünftig keine Alleingänge des Partners mehr dulden, seine Orientierung auf Trennung kann also auch als Bestrafung für die Selbstständigkeit des Partners genutzt werden.

Oft funktioniert diese Taktik eine ganze Weile, irgendwann aber weigert sich der Partner, zurückzukommen.

Borderline-typisch an solchen Situationen ist wiederum ein gravierendes Schwanken zwischen den Extremen, also zwischen endgültigem Abbruch jeglicher Verbindungen sowie Bestrafen für das unerträgliche Verlassenheitsgefühl und andererseits dem Hoffen auf ein Zurück. Dabei wird der eigene Trennungsschritt im Nachhinein zur „Notwendigkeit" deklariert, weil der Partner eben nicht auf alle Bedürfnisse des Borderliners eingegangen ist. Mit Projektion und Übertragung des schlechten Gewissens und einem Inaussichtstellen einer „besseren Beziehung", wenn sich der andere bloß an die Spielregeln hielte, kommt die borderline-typische Trennungsvermeidungsstrategie wieder deutlich zum Ausdruck. Dieses heftige Schwanken zwischen Gut und Böse des Partners dauert so lange, bis vom anderen eine neue Lebenspartnerschaft aufgenommen wird. Spätestens dann wird nur noch schwarzgemalt.

Zu einem späteren Zeitpunkt, also weit nach der Trennung, gibt es noch ein weiteres Phänomen, das sich noch weniger von einem Außenstehenden im Vorfeld erkennen lässt, und wenn, dann ist es für die Kinder oft viel zu spät.

Hierbei manifestieren sich die Borderline-Strukturen vor allem auf der Eltern-Kind-Ebene. Dabei kann man zwischen zwei groben Mustern unterscheiden. Ist es der Borderline-Geprägte, der das Kind nach der Trennung betreut, unternimmt er alles, um den Kontakt des Kindes zum anderen Elternteil entweder vollständig auszuschließen oder nur nach den eigenen Bedingungen und in einem Minimalmaß zuzulassen. Dahinter stehen immer wieder dieselben symptomatischen Intentionen. Einmal die Trennungsvermeidung, denn jedes Umgangswochenende wird als Verlust/Trennung empfunden, und dies umso stärker, je mehr das Kind die Partner- und die das Ich stützende Rolle übernehmen muss. Andererseits dient es wieder der Bestrafung: „Du verlierst dein Kind, so wie ich dich verlieren musste!" („Fühle, wie ich fühle").

Verbreitetes Mittel ist dann die häufige Manipulation des Kindes und zwar so lange, bis das Kind selbst den Umgang zum anderen Elternteil ablehnt.
Anders herum ist es fast identisch. Lebt das Kind beim anderen Elternteil und der Borderline-Betroffene kann sein Umgangsrecht in Anspruch nehmen (oft in der ersten Zeit nicht besonders regelmäßig und motiviert), dann nutzt dieser die Kontakte, um wiederum den ehemaligen Partner zu bestrafen und diesem das Kind zu entziehen und zu entfremden. Trotz weniger Umgangszeit wird das Kind einem Wechselspiel von Abwertung (der eigenen Person oder seines betreuenden Elternteils) und Verwöhnung (überdimensionale Geschenke und Unternehmungen, fehlende Grenzsetzung – „Bei mir darfst du alles") ausgesetzt und so lange intensiv manipuliert, bis das Verhältnis zum anderen Elternteil regelrecht kaputtgeht. Meist wechseln die Kinder in der Pubertät ihren Lebensmittelpunkt und weigern sich alsbald, auch noch Kontakt mit dem früher sie betreuenden Elternteil zu halten.

Was sind die typischsten Probleme der beteiligten Elternteile?
Schwierig für die Partner eines Borderliners ist die Masse an Vorwürfen, Unterstellungen, Verleumdungen, negativer Energie. Hinzu kommt, dass der gesamte Freundes- und Verwandtenkreis einbezogen und vom Borderliner so lange mit „Horrorgeschichten" konfrontiert wird, bis diese Personen für das „Opfer" ausnahmslos Partei ergreifen. Oft bildet sich eine regelrechte Allianz gegen den Partner, manchmal sogar zusammen mit dessen eigenen Verwandten.
Das auszuhalten, gelingt den ohnehin schon beziehungsbedingt angeschlagenen Partnern kaum noch.
Nicht selten werden dem Partner auch regelrechte Fallen gestellt, bei denen dieser zwar die Wahl einer Entscheidung bekommt, sich jedoch so oder so nur falsch entscheiden kann bzw. sein Handeln zumindest hinterher immer negativ interpretiert wird. Gerade wenn es um Kindesumgang geht, wird jede Gelegenheit genutzt, den anderen Elternteil ins schlechte Licht zu rücken. Jede kleinste Unregelmäßigkeit oder Unpünktlichkeit wird hochdramatisch als „nicht-mehr-zumutbar", als „krank" geschildert. Jeder kleinste Fauxpas oder jedes kleinere Unzufriedensein des Kindes während des Kontaktes wird zur „elterlichen Unverantwortlichkeit" oder „Gefahr für das Kind" hochgeschaukelt, Erziehungsmaßnahmen werden untergraben. Werden vom anderen Elternteil keine oder zu wenig „Fehler" geliefert, dann werden solche gern auch inszeniert, z. B. falsche Verabredungszeiten übermittelt oder dem Kind falsche Versprechungen gemacht u. ä.
Schließlich sehen sich die Partner und natürlich auch das Kind den dauernden Gefühlsausbrüchen des borderline-geprägten Elternteils ausgesetzt. Gerade solche explosionsartigen Gefühlsausbrüche kennen sie schon aus Zeiten der

Beziehung. Die Anlässe bleiben unvorhersehbar, der Zeitpunkt wird jedoch mit der Trennung berechenbarer - insofern, als dass gerade die Kindesübergaben, soweit jedenfalls kein objektiver Beobachter dabei ist, nahezu symptomatisch zum Streit eskalieren, und zwar immer wieder im Beisein des Kindes.

Wie wirken die beteiligten Partner auf Sie?
Oft verzweifelt und erschöpft, weil es ein Energie zerrender Kampf geworden ist, den sie in dem Glauben, dass sich die Situation irgendwann entspannen wird, weiterführen „müssen". Dabei erleben sie nur immer wieder diese Ohnmacht, nichts richtig machen zu können. Die Nerven liegen blank, da kommt es schon das eine oder andere Mal zu unvernünftigen Kurzschlussreaktionen, die dann vom Gericht geahndet werden oder dazu führen, dass das Gericht das Interesse am genauen Hinschauen oder an einer richtigen Lösung verliert, weil es den Eindruck bekommen hat, dass „beide Eltern keinen Deut besser sind".

Welche typischsten (allgemeinen) Fehler machen diese Partner?
Mit denselben Mitteln zu kämpfen. Es bringt gar nichts, jede Kleinigkeit gleichermaßen zur Anzeige zu bringen oder jeden Vorwurf mit einem detaillierten Gegenvorwurf zu kontern. Glaubwürdiger sind so oder so die Borderliner, weil diese das, was sie anderen erzählen und schildern, tatsächlich glauben. Und weil sie glauben, es ist genauso geschehen, wie sie es „erinnern" sind sie im Gericht, beim Jugendamt und letztlich auch bei einem psychologischen Sachverständigen so derart überzeugend. Die Partner beschreiben sie mir immer als „perfekte Schauspieler", aber sie spielen nicht, ihnen ist das Abweichen von der Realität häufig gar nicht mehr bewusst. Ihre verzerrte Wahrnehmung der Realität nimmt dabei oft psychopathologische Ausmaße an – das ist zumeist die paranoide Komponente, die gleichfalls zum Symptombild dazugehört.

Wie sollten Partner-Elternteile aus juristischer Sicht mit folgenden Themen umgehen:
Kindesentfremdung
*Wichtig ist in jedem Fall erst einmal der Erhalt des Eltern-Kind-Kontakts. Das lässt sich juristisch durchsetzen und erhält auch größtenteils Unterstützung der Familiengerichte. Ein etwaiges Verfahren sollte sachlich geführt, aber darin bereits auf wiederkehrende oder befürchtete Gefahren hingewiesen werden.
Eine Anhörung des Kindes durch das Gericht oder die Wiedergabe von Kindeswünschen durch einen Verfahrensbeistand (so genannter Anwalt des Kin-*

des) ist während eines Verfahrens so früh wie möglich hilfreich, da dadurch eine fortschreitende Entfremdung offenbar gemacht werden kann. Es bringt also nichts, noch zu Beginn eines Verfahrens das Kind zu „schonen" oder nicht mit dem Verfahren belasten zu wollen – es ist so oder so bereits massiv involviert, bekommt aber durch eine Anhörung die Chance, eine gewisse seelische Unterstützung und ein Ohr für das eigene Dilemma zu bekommen.

Wenn das entfremdete Kind den Partner-Elternteil zurückweist
Hierfür gibt es kein juristisches Rezept. Etwaige Möglichkeiten, wie hiermit umzugehen ist, müssen individuell besprochen und das entsprechende taktische Vorgehen geplant werden. Voraussetzung hierfür ist ein auf gegenseitiges Vertrauen beruhendes Verhältnis zwischen Anwalt und Mandanten. Ohne Offenheit im Umgang miteinander ist es kaum möglich, auf akute problematische Situationen adäquat zu reagieren. So machen aus Unsicherheit und Angst durchaus viele Partner nach einer Trennung Fehler im Umgang mit ihrem Kind. Damit diese Fehler nicht für weitere Eskalationen genutzt werden, ist eine ehrliche Kommunikation die Basis einer sinnvollen Zusammenarbeit.

Kindesentzug
Soweit ein solcher räumlich erfolgt, gibt es juristische Möglichkeiten, diesen zu unterbinden, dabei kommt es aber wieder auf den Einzelfall an.

Körperliche Kindesmisshandlung (Schläge, Essensentzug)
In jedem Fall sollte beim Jugendamt und/oder der Polizei Anzeige erstattet werden und danach auch familiengerichtliche Maßnahmen erwogen werden. Die Art und Weise des diesbezüglichen Vorgehens sollte dennoch mit dem Mandanten vorab genau besprochen werden. Fehlen nämlich Beweise, empfiehlt sich ein vorsichtigeres Vorgehen, um nicht in die Schublade „Macht den anderen Elternteil schlecht" zu rutschen, was eine nicht zu unterschätzende Gefahr darstellen könnte. Es nützt gerade dem Kind nichts, wenn dem Elternteil, der es schützen will, nicht mehr geglaubt wird.

Emotionale Kindesmisshandlung (Ignoranz, Abwertung, Psychoterror)
Hierauf kann ich Ihnen leider keine Patentlösung anbieten, so gern ich dies möchte. Diese Misshandlungen bewegen sich all zu häufig im außerjuristischen Bereich, das heißt, es fehlt oft an Nachweisen. Zumeist entwickle ich dann mit dem Mandanten eine individuelle Vorgehensweise oder gebe ihm Tipps, wie ich meine, wie er darauf reagieren sollte. Letztlich sollte der Partner-Elternteil vor allem kompensierend bei der Kindererziehung wirken, das heißt, er muss besser als Durchschnittseltern sein, was unter diesen

erschwerten Bedingungen schlicht nicht zu leisten ist. Meinen Mandanten erkläre ich dann, dass sie versuchen sollten, wenigstens dort kompensierend zu wirken, wo der borderline-geprägte Elternteil am meisten versagt, nämlich bei der Entwicklung von Selbstständigkeit und Selbstbewusstsein des Kindes. Der andere Elternteil muss in seiner Zuwendung und Aufmerksamkeit, Liebe und Nähe um so zuverlässiger sein. Er muss in der Lage sein, erzieherische Grenzen zu setzen, wobei diese für das Kind nachvollziehbar und berechenbar sein müssen. Je mehr Positives er dem Kind auf den Weg gibt, umso gewappneter ist es gegen seelische Angriffe bzw. kann solche besser verarbeiten.

Üble Nachrede, Verleumdung, Falschanzeigen (gegen den ehemaligen Partner)
Ich habe die Erfahrung gemacht, dass es keinen Vorteil bringt, hierauf jeweils mit Gegenanzeigen zu reagieren. Oft empfehle ich diesbezügliche Gelassenheit und Geduld, die Thematik bei der richtigen Stelle oder zum richtigen Zeitpunkt zu offenbaren.
In bestimmten Momenten ist es dennoch mitunter nützlich, Anzeige zu erstatten. Z. B. wenn man bei einer körperlichen Auseinandersetzung heftige Blessuren davongetragen hat, die Polizei schon hinzugekommen ist und der Borderline-Geprägte gerade dabei ist, sich als das Opfer zu schildern. Insbesondere auch Männer, die von ihrer Frau häufig angegriffen wurden, sollten dann den Mut finden, die wirkliche Dynamik zu offenbaren und öfter auch einen Arzt hinzuzuziehen.

Auf welche Misshandlungsformen (gegen das Kind) reagiert das Gesetz? Wie?
Auf körperliche Misshandlungen, die offenbar werden, reagiert das Gesetz weitgehend zuverlässig, nicht nur mit strafrechtlichen Ahndungen, sondern auch mit einem Sorgerechtsentzug und/oder einer Umgangseinschränkung. Die seelischen Übergriffe hatten wir vorhin bereits angesprochen, dass gerade diese oft nicht erkannt oder entdeckt werden. Hier muss definitiv auch mehr Aufklärung bei den die Kinder betreuenden Pädagogen betrieben werden, da bestimmte Auffälligkeiten im Verhalten von Kindern Hinweise auf einen borderline-geprägten Hintergrund geben können.

Wie reagieren Verfahrenspfleger, Richter und Mitarbeiter des Jugendamtes auf die borderline-spezifische Problematik?
Fehlt eine Borderline-Diagnostik, wird das Problem in der Regel von allen Verfahrensbeteiligten übersehen. Selbst bei der Erstellung eines psychologischen Sachverständigengutachtens bleibt die Problematik zumeist unerkannt.

Borderline ist ohnehin besonders schwer zu diagnostizieren. Im Rahmen einer familienpsychologischen Begutachtung während eines Gerichtsverfahrens scheint die übliche Diagnostik erst recht zu versagen.
Meines Erachtens könnte das damit zu tun haben, dass die diesbezüglichen Erfahrungen aus dem klinischen Bereich stammen. Das heißt, die Borderline-Diagnosen werden häufig im Zusammenhang mit Klinik-Einweisungen bei Alkohol-/Drogenabhängigkeit, bei Selbstverletzungshandlungen oder bei Suizidversuchen erstellt. Zumindest ein bis zwei Symptomkriterien sind damit schon nicht mehr vom Tisch zu wischen. Die Patienten werden dann eine geraume Zeit im Klinikalltag erlebt, was natürlich eine Diagnostik erleichtert.
Ganz anders wird der Borderliner im Rahmen einer familiengerichtlichen Begutachtung wahrgenommen: zunächst einmal nur wenige Stunden, dann ist er überzeugt, dass der andere ein „schlechter Mensch" ist - und gewillt, dies dem Gutachter entsprechend zu präsentieren. Als fatal erweist sich hier wiederum dessen Überzeugungskraft und authentische Rollendarstellung. Der Borderline-Betroffene geht oft mit einem deutlichen „Oberwasser" in die Begutachtung, was ihm von familiengerichtlichen Sachverständigen auch selten genommen wird, da die Sachverständigen mit ihren Probanden sehr viel unkritischer umgehen, als es möglicherweise in der klinischen Praxis der Fall wäre. Auf diese Weise ist es regelrecht unmöglich, hinter die wahren Kulissen zu schauen und einen Borderliner mit seiner umfassenden Symptomatik zu erkennen.
Ich meine, es müssten von den Psychologen in Zusammenarbeit mit den Familiengerichten, Anwälten und Verfahrensbeiständen regelrecht neue Begutachtungsmethoden entwickelt werden. Da ich aber befürchte, dass die Borderline-Problematik im familienrechtlichen Bereich noch lange nicht ernst genommen werden wird, wird sich daran auch in naher Zukunft leider nichts ändern.

Welche Irrtümer/Fehlentscheidungen sind hier am häufigsten präsent?
Das eben Gesagte hat ja oft eine Fehlentscheidung zur Folge - oder zumindest eine solche, die das eigentliche Problem verkennt. Mit der Konsequenz, dass nicht die richtigen hilfreichen Maßnahmen ergriffen werden. Besonders schlimm ist es aber, wenn der falsche Partner in den Fokus gerät. Das ist leider des Öfteren der Fall, vor allem dann, wenn der andere Elternteil, ohnehin mit der Entwicklung der Situation völlig überfordert, verunsichert und verzweifelt, dann unüberlegt vorgeht und mit ähnlichen Mitteln zu kämpfen beginnt und noch dazu in die eine oder andere Falle tappt. Fehlt die richtige (anwaltliche) Beratung von Anfang an, kann dem anderen Elternteil schnell ein Sorgerechtsentzug oder Umgangsausschluss drohen. Für die Kinder ist

eine solche Entwicklung dann besonders fatal und kann tragische Konsequenzen für deren Entwicklung haben.

Wie häufig existiert in Ihren konkreten Fällen eine konkrete Diagnose? Wie häufig nicht?
In den wenigsten Fällen existiert eine Diagnose, schätzungsweise fünf Prozent. Oft handelt es sich dabei noch nicht einmal um die auffälligsten Fälle. D. h., ein familienrechtliches Verfahren ist in den Fällen, in denen die Diagnose eines Elternteils vorliegt, weit weniger zugespitzt, weil das Problem von allen Beteiligten frühzeitig gesehen wird. Die auffällige Symptomatik bleibt dennoch deutlich erkennbar.

Welchen Ausgang nehmen die Fälle in der Regel?
Liegt eine Borderline-Diagnostik bereits vor, sind auch die Gerichte relativ zuverlässig, hierauf mit sorgerechtlichen Maßnahmen zu reagieren. Zusätzlich werden auch andere Hilfemaßnahmen, z. B. Familienhilfe u. ä. integriert. Ein Kindesumgang findet ungeachtet dessen trotzdem statt, muss jedoch ganz klar und schematisch, oft über dritte Personen oder Kindergarten und Schule geregelt werden, da das elterliche Aufeinandertreffen ein Pulverfass bleibt.

Wo sehen Sie dringenden Handlungsbedarf?
Wie so oft in der Aufklärung, die für mich massive Defizite zeigt! Jugendämter und Richter haben oft nur tangentiales Wissen über die eigentliche Borderline-Problematik und die Auswirkungen auf die Kinder. Meines Erachtens ahnen sie nicht einmal, wie häufig das Thema präsent ist. Borderline ist auch gesellschaftlich anscheinend noch immer ein Tabuthema. Auf allen möglichen Ebenen spielt diese Störung eine Rolle, ein Zusammenhang wird jedoch äußerst selten erkannt, geschweige denn in den Medien benannt. Tabubedingt nimmt Borderline aber stetig zu und wird uns noch erhebliche gesellschaftliche Bauchschmerzen bereiten. Unter den Familienrechtsanwälten existiert ebenfalls kaum ein Bezug zur Thematik, also erfahren die Partnerelternteile auch auf dieser Ebene kaum Hilfe oder oft sogar die völlig falsche. Also dringender Handlungsbedarf besteht allemal, um den betroffenen Kindern wirklich zu helfen.

... L. R., Geschäftsführerin eines freien Trägers der Jugendhilfe in Berlin

Worin bestehen die konkreten Aufgaben der Familienhilfe?
Hauptsächlich begleiten wir sowohl die Eltern als auch die Kinder in ihrem alltäglichen Leben und geben dabei Hilfe zur Selbsthilfe. Wir suchen dabei sehr bewusst nach möglichen Ressourcen innerhalb der Familien und bauen diese auch aus. Mitunter gibt es ja in der Familie oder im sozialen Umfeld unterstützende Personen (Großeltern, Freunde), die wir in den Hilfeprozess einbinden können. Da wir uns ja direkt in den Alltag der Familie begeben, können wir so auch die Defizite wahrnehmen, die zu der konkreten Problematik geführt haben. Oft werden gerade diese innerhalb der Familie nicht thematisiert und mit einem Tabu belegt, was jede Bewältigung unmöglich macht. Wir thematisieren das, was uns auffällt und unterstützen dann Eltern und Kinder bei der Bewältigung des Problems. Das kann sowohl das Aufzeigen amtlicher Unterstützung sein, als auch Hilfe im Umgang mit Ämtern und Anträgen, aber auch die direkte Lebenshilfe durch offene Gespräche, die oft therapeutischen Charakter haben können, oder das Erarbeiten eines strukturierten Tagesablaufes. Es sind oft die scheinbar banalen, alltäglichen Dinge, die in den betreuten Familien nur schwer umgesetzt werden. Aufräumen, abwaschen, Frühstück machen. Wir erarbeiten mit der Familie dafür den Rahmen.
Im Fokus steht dabei immer das involvierte Kind, dem wir uns stabil zuwenden. Oft erfahren diese Kinder erst durch uns, was es heißt, sicher und geborgen zu sein. Sie erleben Zuwendung und Aufmerksamkeit, werden ernst genommen und lernen, sich auseinanderzusetzen. Viele Kinder sind dazu nicht in der Lage. Da sie sich ja an der familiären Kommunikation und Streitkultur orientieren, sind sie oft nicht in der Lage, sich mitzuteilen oder konstruktiv auf Konflikte einzulassen. Wir ermöglichen den Kindern so den Blick auf ein anderes, neues Weltbild. Sie bekommen die Chance, andere Erfahrungen und Erlebnisse, als in ihrem defizitärem Umfeld, zu machen. Wir bieten quasi ein Ersatzmodell des Lebens, an dem die Kinder lernen können.
Beides, sowohl die Arbeit mit den Kindern, als auch mit den Eltern, kann die Familie in ihrer Gesamtheit so stabilisieren, dass sie lernen kann, ihren Alltag aus eigener Kraft zu meistern. Tragend dafür ist eine einfühlende Haltung seitens der Fachkraft, d. h. ohne Urteile gegen die Person, aber mit einer klaren Einschätzung von den Ressourcen und Grenzen des Familiensystems.

Wie kommen Sie in die betreffenden Familien? Was genau muss wer tun, um Ihre Unterstützung zu erhalten?
Familienhilfe ist eine Form der Lebensbegleitung und erfolgt durch die Un-

terstützung des Jugendamtes und in Kooperation mit diesem. D. h., dass Menschen, die Hilfe in einer familiären Notsituation benötigen, persönlich zu uns kommen können und unsere Beratung vertraulich und unverbindlich in Anspruch nehmen können. Familienhilfe ist im Kinder- und Jugendhilfegesetz verankert (KJHG) und steht jeder Familie zu – die Kosten hierfür übernimmt das Jugendamt. Da wir ja eng mit dem Jugendamt zusammenarbeiten, stellen wir die eventuell notwendige Verbindung her und ermöglichen die Unterstützung, die gebraucht wird. Mitunter treten auch Außenstehende, also Personen aus dem sozialen Umfeld eines Kindes wie z. B. Lehrer an uns oder das Jugendamt heran, denen auffällt, dass da ein Kind in Not ist. Hier ist die Familie auf die Aufmerksamkeit und auch den Mut dieser Menschen angewiesen, sich verantwortlich und zuständig zu sehen. In der Regel aber tritt das Jugendamt an uns heran und vermittelt uns Familien, die unsere Unterstützung benötigen.

Sind Sie mit dem Begriff Borderline vertraut? Wie schätzen Sie die Kenntnisse Ihrer Kollegen zu dieser Persönlichkeitsstörung ein?
Ich kenne die Borderline-Problematik durch den Kontakt mit diagnostizierten Klientinnen. Das Thema an sich tritt auch immer mehr bei Fachtagungen in den Mittelpunkt, sodass es präsenter wird.
Ich habe mich intensiv mit diesem Thema auseinandergesetzt, vieles dazu gelesen oder entsprechende Tagungen besucht. Es gibt durchaus Mitarbeiter/innen, die noch keine Erfahrung damit haben. Der Begriff Borderline an sich ist zwar bekannt, die Komplexität, die sich aus den typischen Verhaltensweisen und Interaktionen ergibt, ist ihnen aber oft fremd. Aus diesem Grund entwickeln wir zurzeit einen spezifischen Schlüsselprozess zur Thematik Borderline, sodass alle Mitarbeiter Zugang zur Thematik erhalten. Da wir in unserem Kollegium regelmäßige Fallbesprechungen und Supervisionen durchführen, ist es uns auch möglich, eine derartige Hintergrundproblematik zu erkennen und so auch darauf zu reagieren. In unseren internen Fortbildungen schulen wir unsere Mitarbeiter auch auf die sehr spezifischen, komplexen Hintergründe und Verhaltensweisen, sowohl bei den Betroffenen, als auch bei deren Kindern.

Sind oder waren Sie in Ihrer Tätigkeit bereits mit einer entsprechenden Familie im Kontakt?
Da ich bereits Klientinnen mit einer Diagnose begleitet habe, war ich so auch in die familiäre Situation eingebunden. Etwa fünf Prozent aller Fälle haben bereits im Vorfeld die Diagnose Borderline, wobei die Häufigkeit von psychischen Erkrankungen bei Eltern, vor allem aber bei Müttern, extrem gestiegen ist.

Was für typische Probleme sind Ihnen dabei aufgefallen?
In der direkten Arbeit mit einer Betroffenen habe ich auch selbst die typische Borderline-Problematik der Abwertung erfahren müssen. Mir sind sowohl Hilfestellung und Zuwendung für die Bedürftigkeit einer Borderline-Persönlichkeit, als auch die häufig anschließende Abwertung und Distanz vertraut. Es ist schwer, damit umzugehen.
Die Betroffenen, die ich kennen gelernt habe, hatten bereits häufig traumatisierende Erfahrungen mit der Fachwelt, Therapeuten oder dem sozialen Umfeld. Sie leiden extrem unter dem Stigma und versuchen verzweifelt sich zu verstecken. Gerade deren Angst vor einer stigmatisierenden Verurteilung hemmt sie, sich zu offenbaren und um Unterstützung zu bitten, oder diese anzunehmen. Angst ist ein ganz großes Thema für Betroffene.
Auffällig sind für mich auch vor dem ersten Kontakt, die im Hintergrund offensichtliche soziale Isolation, gekoppelt mit Aussagen von Menschen, die mit denjenigen in Kontakt stehen. Dass dieser z. B. anstrengend, impulsiv, instabil oder unentschlossen ist.
Im Kontakt selbst ist mein Erleben oft unterschiedlich. Häufig fühle ich starkes Mitgefühl, mitunter aber auch Angst, ob ich in diesem Kontakt sicher bin.
Viele der betroffenen Frauen, denen ich begegnet bin, haben mich auch sehr beeindruckt, weil ich sie als sehr reflektiert wahrgenommen habe. Die mich also durchaus offen auf ihr instabiles Erleben hingewiesen haben, „jetzt nehmen Sie mich unauffällig wahr, aber zu Hause, bin ich ganz anders ...". Dies vermittelt durchaus auch eine Basis für Entwicklung und Stabilität, was aber sehr täuschen kann.

Wie gehen Sie damit um?
Wenn ich die Vermutung habe, dass im Hintergrund eine Borderline-Problematik präsent ist, beginne ich Fragen zu stellen und Informationen zu sammeln. Wie geht sie mit schwierigen Situationen und Beziehungen um? Wie äußern sich andere Fachleute? Wie wird die Mutter-Kind-Beziehung von anderen erlebt? Kann die Mutter über ihre Stimmungswechsel reden, hat sie ein Bewusstsein für ihre Problematik? Nimmt Sie wahr, dass sie sich verzweifelt fühlt, oder macht sie ausschließlich andere verantwortlich? Hat sie Aggressionen, und wie geht sie damit um? Ich gehe also ins Gespräch und versuche in erster Linie nicht, meine Hypothese zu bestätigen, sondern in Kontakt zu kommen und so auch die optimale Hilfe zu ermöglichen.

Wie erleben Sie die betreffenden Kinder und wie unterstützen Sie diese?
Die involvierten Kinder erscheinen oft sehr schüchtern, zurückhaltend, unauffällig und manchmal mutistisch (Mutismus = Kontaktabbruch nach außen durch Schweigen, Anm. d. Autorin). Sie scheinen Angst zu haben, sich

zu zeigen und machen sich unsichtbar, um sich so vor Gefahr (Bestrafung) zu schützen. Oder sie sind besonders angepasst und erbringen überdurchschnittliche Schulleistungen.
Hier ist der Zugang zu anderen Kontaktpersonen äußerst wichtig. Das Schaffen neuer sozialer Kontakte, mit stabilem Hintergrund. Die Erweiterung des Lebensmodells durch unsere direkte Arbeit. In dieser wird dem Kind dann vermittelt, dass es wichtig ist, gesehen wird, in Kontakt treten darf, ohne verurteilt zu werden. Das Thema Borderline enttabuisieren. Es wird darüber gesprochen, was ist das, was passiert da und warum. Wir machen möglichst viele Erwachsene aus dem Lebensumfeld aufmerksam auf das Kind, um so ein Sicherheitsnetz zu schaffen.

Wie gehen Sie im Rahmen der Familienhilfe mit einem Kinderschutzfall um? Was macht diesen aus?
Wenn ein Kind besondere Auffälligkeiten zeigt, die offensichtlich auf eine besondere Gefährdung hinweisen, werden diese ganz konkreten Kriterien zugeordnet. Dabei werden sowohl körperliche, als auch psychisch auffällige Merkmale registriert. Wie ist es genährt und gekleidet? Ist es sauber, hat es Wunden, Narben, Hämatome? Wie reagiert es auf äußere Ansprache? Welche Emotionalität zeigt es? Dafür existiert ein entsprechender, umfangreicher Fragebogen, der ein konkretes Bild über die Gesamterscheinung des Kindes vermittelt. Wird erkannt, dass sich das Kind in einer konkreten Gefahr befindet, die eine intensivere Zuwendung nötig machen, wird der Fall in einer speziellen Fallkommission (so genanntes Fallteam, an dem der regional sozialpädagogische Dienst – RSD – des Jugendamtes und Fachkräfte aus freien Trägern der Jugendhilfe, evtl. auch andere Fachkräfte, z. B. aus dem Kinder und jugendpsychiatrischem Dienst, Klinik oder Schule, teilnehmen) besprochen und dann auch möglicherweise als Kinderschutzfall benannt.

Unter welchen Bedingungen sind Sie berechtigt, ein Kind aus der Familie zu nehmen?
Wir können und dürfen kein Kind aus der Familie nehmen, aber wir können Empfehlungen geben. Die Anordnung ein Kind aus seiner Familie zu nehmen, darf nur vom Jugendamt in die Wege geleitet werden und kann auch nur mit Zustimmung der Personen-sorgeberechtigten oder mithilfe der Familiengerichte erfolgen, z. B. durch einen Sorgerechtsentzug.

Existieren konkrete Auflagen an die Eltern, wenn ein Kind im Rahmen des Kinderschutzfalles Ihre Unterstützung erhält?
Je nach Auffälligkeit und Problematik erhalten die Eltern konkrete Auflagen. Diese Auflagen werden in einer gemeinsamen Helferkonferenz (ohne Betei-

ligung der Familie) mit dem Jugendamt besprochen und von diesem auch erteilt. In einer Hilfekonferenz mit der Familie werden diese transparent gemacht. Die Aufgabe der Familienhilfe ist es dann, die Eltern dabei zu unterstützen, den Auflagen zu entsprechen. Dabei nehmen wir neben der Begleitung durchaus auch eine Kontrollfunktion wahr, um dies abzusichern und melden unsere Einschätzung an das Jugendamt zurück.

Wo existieren Ihrer Meinung nach die größten Defizite im Umgang mit Borderline-Familien?
Der Schutz der helfenden oder beratenden Mitarbeiter vor Übergriffen, die in Kontakt mit Betroffenen stehen, ist ein defizitäres Thema. Auch staatliche Vorgaben (öffentliche Sprechstunden) und die Umsetzung in der Realität (einzelner Mitarbeiter) sind extrem verunsichernd. Z. B. wäre es nötig, in diesen Kontakten nicht allein mit dem Betroffenen zu sein. Zudem ist der Druck und die Belastung der Mitarbeiter (z. B. in den Jugendämtern) als extrem zu bezeichnen. Es fehlen einfach Raum, Zeit und Einfühlung, sich auf das Thema Borderline und eine entsprechende Person einzulassen. In vielen Institutionen fehlt es an einfachstem Hintergrundwissen. Das Thema ist extrem komplex und fordert ungemein viel Verantwortung ein, was Angst machen kann. Dennoch ist es unverzichtbar, spezifische Zusammenhänge erkennen zu können. Hier fehlt es meines Erachtens an Aufklärung. Weiterhin existieren bei Weitem zu wenige Therapieplätze. Selbst wenn eine betroffene Person die Verantwortung für ihre Problematik übernimmt, wird sie damit letztendlich oft allein gelassen, was in der Konsequenz zu einer Verschlechterung der Situation führt.

Existiert eine Zusammenarbeit in den konkreten Fällen mit Jugendämtern, sozialpsychiatrischen Diensten, Gerichten, Verfahrenspflegern etc.?
Ja. Wir arbeiten mit dem Jugendamt, Verfahrenspflegern, Kitas, dem sozialpsychiatrischen Dienst, dem kinder- und jugendpsychiatrischen Dienst, Kliniken, Gerichten, Lehrern und Angehörigen religiöser Einrichtungen zusammen.

Wo sehen Sie dringenden Handlungsbedarf (Gesetzeslücken, fehlende Zusammenarbeit, Umsetzungsprobleme, Defizite)?
Die Komplexität der Symptomatik, das Unfassbare der Thematik, macht es unglaublich schwer, die Situationen einzuschätzen und wirklich optimal zu handeln. Nicht jeder der manipuliert, ist Borderline. Viele allgemeingültige Verhaltensweisen, wie Projektionen, Impulsivität oder Verantwortungsabgaben kennt jeder an sich und scheut daher vielleicht auch die Auseinandersetzung mit dem Thema. Das hemmt die Neugier, sich auseinanderzusetzen, und

ruft Abwehr gegen die Thematik auf. Das Thema kann leicht überfordern. Es wäre also jeder Einzelne gefordert, sich mehr mit sich und anderen auseinanderzusetzen. Es fehlt klar an nicht stigmatisierender Aufklärungsarbeit! Informationen, die nicht ängstigen, weil hinter ihnen die Ausgrenzung lauert.

Die Jugendämter benötigen dringend eine größere personelle Ausstattung und auch fachliche Unterstützung bei dem erhöhten Bedarf, Belastung und gestiegener Komplexität der zu bearbeitenden Fälle – Supervision ist nach wie vor Luxus für die Sozialarbeiter, anstatt eine Selbstverständlichkeit zu sein. Hierfür fehlt es aber in Berlin zumindest an Senatsmittel.

Auch Richter, die in entsprechende Verfahren eingebunden sind, wissen oft viel zu wenig vom Thema. Das ist besonders auffällig, wenn es um die Zusammenarbeit mit Familiengerichten geht – sehr oft habe ich erlebt, dass die Sozialarbeiter/innen im Jugendamt und wir als Fachkräfte, einen guten Einblick in die Situation einer Familie haben, die Gefährdung für ein Kind und die Erkrankung eines Elternteils sehr präzise einschätzen und beschreiben können, jedoch vor einem Familienrichter nicht gehört oder ernst genommen werden. Dies ist besonders verheerend, wenn die symbiotische Bindung zwischen Elternteil und Kind sehr ausgeprägt ist und ein „Borderliner" sich vor dem Familienrichter gut darstellen kann. Diese Fähigkeit ist zwar eine seiner Ressourcen, bewirkt aber, dass die Fakten für den Außenstehenden (z. B. den Richter) verdreht werden – was für das Kind eine Fortsetzung der Gefährdung zur Folge haben kann.

Es fehlt überall an Selbsthilfegruppen für Betroffene, in denen sie sich als zugehörig erleben können, sich angenommen und verstanden fühlen. Wie kann denn Mut zur Verantwortung entstehen, wenn die Angst vor dem Stigma das Leugnen geradezu nötig macht?

Jeder ist gefragt, sich mit dem Thema auseinanderzusetzen und auch wertfrei zu erfassen. Vorurteile, Bewertungen und mangelnde Information sind die offensichtlichsten Defizite der Gesellschaft, in der auch Borderline entsteht. Ich denke, dass es hier noch viel zu tun gibt.

... Gertrud B., Jugendamt München

Was genau zählt zu den Aufgaben des Jugendamtes?
Die Aufgaben des Jugendamtes sind sehr vielfältig. Wir arbeiten vor allem auf der Grundlage des „Sozialgesetzbuches (SGB) - Achtes Buch (VIII) - Kinder- und Jugendhilfe" in dem die Aufgaben umfassend dargestellt sind. Das Jugendamt hat vor allem den Auftrag, Familien bei der Erziehung zu unterstützen und notwendige Hilfen anzubieten, die sich sowohl direkt an Kinder und Jugendliche als auch an die Erwachsenen richten können. Neben

der Beratung, der Hilfestellung und der Vermittlung von weiterhelfenden Institutionen bei Hilfebedarf, hat der Schutz von Kindern höchste Priorität. Das bedeutet, dass wir nicht nur Ansprechpartner für Eltern sind, die Hilfe in der Regelung des Umgangs, Unterhalts- oder Sorgerechts benötigen, sondern für alle Menschen, die in Sorge um ein Kind sind. Ob Großeltern, Lehrer, Erzieher oder Nachbarn - jeder, der ein Kind in problematischen Situationen oder in Gefahr sieht, kann und sollte sich an uns wenden.
Daneben hat das Jugendamt noch vielfältige andere Aufgaben, z. B. mit dem Familiengericht zusammenzuarbeiten und darauf zu achten dass richterliche Entscheidungen im Sinne des Wohls von Kindern getroffen werden.

Mit welchen Problemen werden Sie am häufigsten konfrontiert?
Das ist regional unterschiedlich. Je nach Lage eines Jugendamts und dessen sozialem Umfeld existieren in einigen Regionen häufiger Probleme, die sich aus Trennungen und Scheidungen ergeben. Also Fragen des Umgangs der getrennt lebenden Eltern mit ihren Kindern oder der sinnvollen Regelung der elterlichen Sorge. In den meisten Ämtern hat man es immer auch mit Gefährdung von Kindern zu tun und der Frage, wie deren Schutz zu gewährleisten ist. Hier werden dann konkrete Hilfestellungen benötigt, wie das Vermitteln einer Familienhilfe, einer Erziehungsberatungsstelle oder einer anderer Hilfe, die das familiäre System stabilisieren kann, wie z. B. Schuldnerberatungen. Nötigenfalls kann für Kinder auch für vorübergehend oder länger ein Platz außerhalb der Familie gesucht werden.

Was sagt Ihnen der Begriff Borderline?
Die Borderline-Störung gehört zu den Persönlichkeitsstörungen und hat tief greifende Auswirkungen auf die Beziehungen der Betroffenen und deren Konfliktfähigkeit. Sie ist geprägt von Idealisierungen und Abwertungen, denen Kontaktpersonen ausgesetzt sind, von Stimmungsschwankungen und sehr wechselhaftem Erziehungsverhalten.

Welche Konsequenzen hat dies Ihrer Meinung nach für das/die involvierte/n Kind/er?
Für Kinder von Betroffenen ergeben sich hier extreme Belastungen. Sie können ihre Kindheit nicht leben und lernen nicht, sich von ihrer Borderline-Bezugsperson zu lösen. Sie leiden massiv unter der Wahrnehmung, dass sich ihre Mutter oder ihr Vater ständig und unbeeinflussbar in Gefahr befindet, und sind so ständig unmäßig belastet. Sie sind zumeist sehr verunsichert und verängstigt. Die oft auch existente häusliche Gewalt und der Konsum von Drogen und Alkohol potenzieren die Belastung und die Gefahr für die involvierten Kinder, die besonders auch durch ihre Verwirrung auffallen.

Wie weit sind Mitarbeiter des Jugendamtes mit psychischen Störungen und deren Konsequenzen für Kinder vertraut? Existieren dazu Weiterbildungen?
Ein gewisses Grundwissen muss bei jedem Mitarbeiter vorhanden sein, dazu gehört auch das Wissen um diese Störung. Es existieren regelmäßige Fortbildungen zu psychischen Erkrankungen, wobei die Borderline-Persönlichkeitsstörung auch immer mehr beachtet wird. Die Auseinandersetzung mit diesem Störungsbild hat sich sehr intensiviert, da wir immer häufiger mit den typischen Verhaltensmerkmalen konfrontiert werden. Nicht nur seitens der Eltern - oft sind es auch Heranwachsende, die auffällige Borderline-Muster zeigen.
Das Erkennen dieser Störung und eine präzise Diagnose ermöglichen ja erst dann auch eine geeignete Hilfe. Zumeist existiert aber, auch bei Erwachsenen, keine gesicherte Diagnose, was auf unsere Handlungsfähigkeit aber keinen Einfluss hat. Es sind vor allem die Informationen, die wir im Umgang mit den Eltern oder aus deren sozialem Umfeld erhalten, welche uns letztendlich auf eine mögliche Borderline-Problematik aufmerksam machen und uns intervenieren lassen. Das, was wir an den Kindern wahrnehmen, wie sehr sie unter nicht erfüllten notwendigen Bedürfnissen wie z. B. verlässlicher Unterstützung durch einen Elternteil leiden und wie sich der soziale Umgang innerhalb der Familie gestaltet, führt letztendlich dazu, dass das Jugendamt mit der Familie in Kontakt tritt, um klären und unterstützen zu können. Die vermutete Störung ist eine Facette unserer Einschätzung der Gesamtbelastung des Kindes.
Wenn Sie mit der Befürchtung/Aussage eines/r Hilfesuchenden konfrontiert werden, dass der Partner an Borderline leidet, wie gehen Sie damit um?
Zunächst einmal ist es nötig, die Umstände zu klären. Was genau wird wahrgenommen und welche Auswirkungen hat das auf das Kind? Welche Ressourcen gibt es, existieren Außenstehende oder noch nicht wahrgenommene Möglichkeiten, die hilfreich eingebunden werden können. Es erfolgt eine Gefährdungseinschätzung des Kindes, um es gegebenenfalls schützen zu können. Im Rahmen der Situationsklärung suchen wir auch den Kontakt zu dem oder der Betroffenen selbst und bieten unsere Beratung an sowie weitere Hilfsmöglichkeiten. Auch das Gespräch oder der Kontakt mit dem Kind ist wichtig, um so Aufschlüsse über seinen Zustand zu erhalten.

Wann wird ein Kind zum Kinderschutzfall?
Immer wenn die Grenze zur Gefährdung überschritten ist, die - auch mithilfe von Checklisten, Beobachtungen, Gesprächen - aufgrund des körperlichen und psychischen Zustands des Kindes und dem Verhalten der Eltern eingeschätzt wird. Wenn Hilfen bei gefährdeten Kindern nichts positiv verändern, wenn sie von den Eltern nicht gewünscht werden, wenn die Lebensbedin-

gungen des Kindes oder Jugendlichen mit großer Sicherheit erwarten lassen, dass, wenn sich nichts ändert, mit großen Beeinträchtigungen in der weiteren Entwicklung zu rechnen ist. In solchen Fällen kommt das Jugendamt in die Verantwortung, für eine Beendigung der Gefährdungssituation zu sorgen.

Inwieweit können Sie Vätern weiterhelfen, die mit einer Betroffenen ein gemeinsames Kind haben, aber weder in der Geburtsurkunde erfasst sind, noch ein Umgangs- oder Sorgerecht besitzen, da sie von der Kindsmutter abgewehrt werden?
Selbstverständlich stehen wir auch diesen Vätern gern beratend zur Seite. Sollten diese die Fürsorge und den Umgang mit ihren Kindern anstreben, müsste zunächst einmal ein Antrag auf Feststellung der Vaterschaft gestellt werden. Hier wäre die Rechtsantragsstelle des zuständigen Familiengerichts aufzusuchen, um entsprechende Schritte in die Wege zu leiten. Es hat sich gerade im Bereich des Kindschaftsrechtes viel im vergangenen Jahr getan, sodass es auch mehr Möglichkeiten gibt, zu handeln.

Gibt es eine Zusammenarbeit mit sozialpsychiatrischen Diensten, Verfahrenspflegern, Familienhelfern? Wenn ja, in welcher Form?
Ja, es existiert eine Zusammenarbeit. Immer dann, wenn sich einzelne Arbeitsgebiete überschneiden, sind die entsprechenden Stellen auch gefordert, sich auszutauschen, um weitere Schritte abzusprechen. Nur so kann schließlich eine optimale Unterstützung gewährleistet werden. Das ist z. B. der Fall, wenn eine Patientin und Mutter aus der Psychiatrie entlassen wird und in ihr häusliches Umfeld und damit auch zu den Kindern zurückkehrt. Hier ist es unumgänglich, mit Einverständnis der betroffenen Mutter selbstverständlich, Informationen direkt von der Klinik zu erhalten, um das Hilfesystem anpassen zu können. Im besten Fall findet ein gemeinsames Gespräch von Jugendamt, Klinik und der nachbetreuenden Einrichtung mit der Mutter vor der Entlassung statt. Darüber hinaus bestehen auch Arbeitskreise und Helferkonferenzen, in denen zu bestehenden Fällen Informationen ausgetauscht und weitere Vorgehensweisen geklärt werden. Daneben hat es sich bewährt, auch über den jeweiligen Einzelfall hinaus z. B. daran zu arbeiten, wie die Versorgung von Familien in Notlagen verbessert werden kann.

Wo sehen Sie noch dringenden Handlungsbedarf?
Ich sehe einen großen Bedarf in einer Verbesserung der Kooperation zwischen den einzelnen beteiligten Institutionen und Helfern. Gerade auch in der Zusammenarbeit mit dem sozialpsychiatrischen Dienst scheint es oft nicht registriert zu werden, dass hinter den dort im Mittelpunkt stehenden psychisch erkrankten Müttern auch Kinder stehen, die dringend Hilfe brauchen. Natürlich hat jeder Bereich seinen Fokus auf die ihm unterstellten, bedürftigen Personen, aber ein umsichtiger Blick auf das System, welches den

Patienten umgibt, könnte uns in unserer Arbeit sehr unterstützen und auch vielen Kindern unnötiges Leid ersparen.
Es ist auch sehr bedauerlich, dass unsere Arbeit in der Wahrnehmung der Öffentlichkeit, allzu oft als die „Kinderwegnehmer" abgestempelt wird. Leider wird so Angst davor geschürt, unsere Hilfe in Anspruch zu nehmen, was dazu führen kann, dass es zu einer vermeidbaren Gefährdung von Kindern kommt. Natürlich sind wir eine „Eingriffsbehörde". Wir werden im Sinne und zum Schutz handlungsunfähiger Personen, nämlich der abhängigen Kinder, aktiv. Es ist unsere Aufgabe einzugreifen, wenn es ihnen an Fürsorge und Versorgung mangelt. Mitunter unterstellen uns oberflächliche Bewertungen dann voreilige Inobhutnahme, bei der Kinder der Familie oder Mutter entrissen werden. Andererseits kommt es aber gelegentlich auch zu dem Vorwurf, wir hätten nur unzureichend oder gar nicht reagiert und Kinder so einem misshandelnden Umfeld ausgesetzt. Letztendlich sind wir so immer schuld und in der Arbeit unzureichend, was sich auf unsere Arbeit äußerst negativ auswirken kann.

Wobei bräuchten Sie Unterstützung?
Mehr Zeit, mehr Geld, mehr Ressourcen und mehr Akzeptanz! Immer mehr extrem verantwortungsvolle Arbeit in immer weniger Zeit, bei gleichzeitiger Kürzung von Bezügen, erschwert unsere Arbeit immens. Es fehlt an Mitarbeitern und an einem Bewusstsein der Öffentlichkeit dafür, dass wir uns als handelnde, aktive Behörde in erster Linie für Kinder und deren Schutz einsetzen. Die einfache Akzeptanz, dass wir als Helfer und Partner und nicht als Gegner präsent sind, würde unsere Arbeit schon wesentlich erleichtern.

3. Eine reale Geschichte

Markus T., 49 Jahre, Vater eines heute vierjährigen Kindes

Alles begann 2001 in einer Pils- Bar. Sie arbeitete dort als Kellnerin. Man nannte sie „die Vogelscheuche" und „den schwarzen Raben", weil sie immer sehr dunkel gekleidet war. Nicht wie diese Gothic- Fans, sondern einfach nur dunkel: Grau, schwarz und unauffällig. Ich kannte Eve bereits von früher: Sie hatte sich einst bei mir als Sekretärin beworben, aber ihre vielen Freunde mit Drogenhintergrund hatten mich damals abgeschreckt. Wiedergetroffen hatte ich sie zufällig: Ich begleitete einem Freund, der an ihr interessiert schien zum Essen in ihre Bar. Wir wiederholten dies in den darauf folgenden Wochen öfter, und ein paar Wochen später hatte irgendjemand schließlich die Idee, doch gemeinsam schwimmen und in die Sauna zu gehen. Als wir schließlich im Whirlpool landeten bin ich ihr etwas näher gekommen. Sie wirkte durch ihre Art anders und fremd auf mich und strahlte eine ganz eigenartige Faszination aus. So begann ich mich um sie zu bemühen. Es folgten weitere Treffen mit Bummeln und schwimmen gehen, bei welchen wir uns immer näher kamen und sie meine Annäherungen relativ schnell erwiderte.
Ich wollte ihr gefallen und so waren wir viel unterwegs: Wir reisten nach Hamburg, Berlin, Salzburg, Wien, in die Schweiz, nach Holland und Dänemark... Endlose Trips zu fast allen damals angesagten In-Clubs und Fetisch-Ausstattern, wie beispielsweise einem berühmten Hamburger SM-Laden, in dem sie sich ein maßgeschneidertes Outfit nähen ließ. Wir flogen mehrmals zur Anprobe, wurden freudig begrüßt, und alles, was dieser Betrieb so an lustigem Spielzeug hatte wurde schon mal vorsorglich gekauft.
Etwa im März 2001 verlor Eve ihren Job, weil sie einfach nicht pünktlich sein konnte. Zudem gab es anscheinend irgendwelche Probleme mit dem Chef und den Kollegen. Auch war sie oft krank. Als sie wieder einmal nach langer Abwesenheit zur Arbeit kam wurde ihr ein Auflösungsvertrag angeboten, den sie aus Angst unterschrieb. Dadurch war sie gesperrt und bekam vorerst keine Unterstützung oder Arbeitslosengeld. Sie tat mir leid und ich wollte sie nicht mit ihren Problemen allein lassen. Also begann ich sie zu meinen geschäftlichen Terminen mitzunehmen. Die Hotels musste ich sowieso bezahlen, und der Aufschlag für eine zweite Person war zu verkraften. Bis Dezember durchlebten wir so eine geradezu rauschhafte Zeit. Ich folgte Eve durch zahllose Partys und Clubs und ließ aufgrund dessen immer mehr Termine sausen ... Spaß wurde das Motto unseres Lebens.
Ich war immer sehr bodenständig gewesen. Diese, ihre Welt, in der es keine Beschränkungen und Auflagen gab war mir daher etwas suspekt, reizte mich

aber andererseits sehr. Alles war aufregend und neu, nichts planbar oder vorhersehbar. Die sexuelle Welt, in die sie mich hineinzog, war bizarr und völlig jenseits der Grenzen, die mir vertraut waren. Sie mochte einschlägige Events der SM-Szene, und so zogen wir ruhelos umher: immer mehr wilde Nächte mit immer weniger Schlaf folgten. Keine Zeit mehr für konzentrierte Arbeit. 2002 begann Eve sich mit zunehmender Häufigkeit bis ins Koma zu betrinken. Erst wurde sie lustig, dann konnte sie nicht mehr aufhören und wurde immer aggressiver. Da ich mich nicht an ihren Exzessen beteiligen mochte bezeichnete sie mich als Spaßbremse. Oft schlug sie dann um sich, biss oder schrie mich an und war nicht mehr zu stoppen. Später wusste sie von nichts mehr. Es ging ihr schlecht. Sie schien hilflos wie ein Kind, lag ein bis zwei Tage im Bett und übergab sich ständig. Ich umsorgte sie in diesen Tagen und duldete auch ihre Duschexzesse, durch die sie sich wieder „sauber" und normal fühlte. In diesen Phasen war sie dankbar für jede Freundlichkeit, jede Hilfe und jedes Verständnis. Und davon gab ich ihr viel.
Drogen allerdings waren für mich ein ganz anderes Thema. Ich hörte oft von ihr: „Drogen sind geil. Wenn die anderen zu blöd sind kann ich auch nichts dafür. Ich kann mit Drogen umgehen. Ich bin stark genug, mit dem Teufel zu spielen ..." Auf meine Versuche, sie von ihrem Konsum abzubringen, reagierte sie mit Ablehnung. „Du rauchst nicht, du trinkst nicht, wie sollst du wissen, was Suchtdruck ist oder wie schön das Zeug sein kann?" Ich wollte ihr jeden Wunsch erfüllen, wollte sie glücklich machen, aber ich war nicht dazu bereit, ein Leben im Schatten der Drogen mit ihr zu teilen. Also begann ich zu kämpfen und tat alles, um sie von dem Zeug wegzubekommen.
Ende 2002 sah es so aus, als sei sie clean. Ich war stolz und bewunderte ihren starken Willen. Sie war also doch eine Frau für die Zukunft. Allerdings brauchte ich allmählich meine gesamten Ersparnisse für unsere Reisen, die Fünf-Sterne-Restaurants oder die Wellness- Hotels auf. Ich nahm nur noch wenige geschäftliche Termine wahr, war bis auf ein, zwei Termine pro Monat immer Zuhause, und so bezog ich kaum noch Einkünfte. Ich hatte bei dem Versuch, Eve zu helfen, jedes Gespür dafür verloren, mein eigenes Leben zu organisieren. Während ich eigentlich Eves Leben zu stabilisieren versuchte, bemerkte ich nicht, dass ich selbst dabei immer instabiler wurde. Unsere Nacht endete da, wo für andere der Tag begann, die natürlichen Grenzen des Alltags hatten sich für uns verschoben. Und wir redeten endlos miteinander ... Über alles, was sie erlebt hatte: Schläge, Vergewaltigungen, ihren Stiefvater, ihre Mutter, ihren Bruder, Diebstähle, Drogen und ihren Hass, ihren menschenverachtenden Hass auf jeden, von dem sie sich beleidigt oder belogen sah. Sie tat mir so unendlich leid, ich hätte gern alles wiedergutgemacht, was ihr angetan wurde. Und ich sah Fortschritte: Sie unterbrach ihr Erzählen nicht mehr mit so vielen Pausen, wurde offener, konnte freier über

ihre Ängste und Verletzungen reden ohne wegzulaufen. Ich sah darin einen großen Erfolg für unser Miteinander.

Im April 2003 wurde Eve schwanger. Es war kein Wunschkind, aber wir waren uns einig, dass wir uns auf das Kind freuen. Zu dieser Zeit vermittelte sie mir immer wieder, wie schön unsere Beziehung für sie sei. Ich habe mich so glücklich gefühlt .

Und dann erklärte sie mir eines Tages aus heiterem Himmel, dass ich sie seit Monaten „nur verarsche" und dass sie mich mit dem Kind verlassen werde. Ich hätte ihr nur leere Versprechungen gemacht, und sie gehöre seit Monaten schon nicht mehr richtig zu meinem Leben dazu. Natürlich habe ich mit allen Kräften versucht, sie vom Gegenteil zu überzeugen, dass ich immer für sie und das Kind da wäre, dass ich bei ihr bliebe und auch nicht mehr arbeiten gehen würde ... Mir war längst klar, dass sie nicht allein sein konnte und jemanden brauchte, der Tag und Nacht bei ihr war. Zudem war noch etwas Geld auf dem Konto übrig. Mir war zwar bewusst, dass das meine Kräfte übersteigen musste, allerdings löste ein Besuch ihrer Mutter, der für Eve mit großem Stress verbunden war, drei Monate vor der Niederkunft fast eine Fehlgeburt aus. Die Folge war, dass sie absolute Bettruhe halten musste, wodurch mir kaum eine andere Wahl blieb, als sie rund um die Uhr zu versorgen.

Die Geburt verlief nicht ohne Komplikationen und machte einen Kaiserschnitt notwendig, was ein Schock für sie war. Eve fühlte sich infolge des Kaiserschnitts als nicht vollwertig und unfähig, ihr Kind auf normalem Weg auf die Welt zu bringen. Auch das Argument, dass die Nabelschnur zu kurz war und sich um den Hals des Kindes gewickelt hätte, sodass dieses vielleicht mit einer Schädigung auf die Welt gekommen wäre, nützte nichts. Sie verfiel in Folge der Geburt in Depressionen.

Das Stillen und ihre Mutterrolle jedoch machten Eve schließlich dennoch sehr viel Spaß. Sie trug Alexander am Körper und stillte ihn stolz und überall, im Restaurant, in der S-Bahn oder im Auto. Dies währte etwa sechs, sieben Monate, dann war der Reiz des Neuen vorbei. Keiner fragte mehr nach, jeder wusste, dass sie Mutter war, keiner wollte die Geschichten zum hundertsten Mal hören, die Anerkennung und Aufmerksamkeit der ersten Monate verblassten, und so kehrten auch Unzufriedenheit, Frust und schlechte Laune zurück. Immer schneller verlor sie die Geduld, wenn Alexander nicht schnell genug trank: „Ich bin doch keine Milchkuh, mein Sohn liebt mich nicht, der will nur seine Milch und sonst gar nichts." Sie verfiel dem Glauben, das Kind mache unsere gute Beziehung kaputt, und dass wir keine Zeit mehr für uns hätten. Hätte sie das vorher gewusst, sie hätte das Kind abtreiben lassen. Schließlich warf sie mir vor: „Du hast mit dem Kind mein Leben zerstört, ich schenk' dir das Kind, ich will meine Freiheit zurück."

Ich fragte: „Was soll ich denn tun? Unser Sohn ist jetzt da, soll ich ihn vielleicht aus dem Fenster schmeißen?"
„Was erwartest du von mir?", antwortete sie. „Du bist zu feige, du bist ein Versager, du bist zu schwach, um das zu tun." Wie bitte? Hatte ich mich bei der Antwort verhört? Ich war schockiert und wusste nicht weiter.
Zunächst beruhigte sie sich wieder. Wir schliefen in den nächsten Nächten abwechselnd bei Alexander und versorgten ihn gemeinsam. Elf Monate war ich rund um die Uhr bei ihnen. Ich versorgte den Kleinen, wickelte ihn, heiterte Eve auf, wenn sie nicht mehr konnte und kurz davor war, die Nerven zu verlieren. Anfänglich war es nur die Ungeduld beim Stillen, dann zehrte Schlafmangel an ihr. Wenn Alexander nicht aufhörte zu weinen, dann brüllte sie ihn an, und wenn er versuchte, sich ihr zu nähern, dann stieß sie in weg, sodass er noch mehr weinte. Wenn er schon müde war und an ihrer Brust fast einschlief, schrie sie wie am Spieß. Alexander riss vor Schreck die Augen weit auf, und sie fluchte und brüllte, er habe sie gebissen. Jetzt habe sie die Schnauze voll, er solle verschwinden. Ich trug Alexander dann auf dem Arm oder spielte mit ihm, bis er aufhörte zu weinen und müde wurde. Anfangs reagierte Eve danach noch mit Entschuldigungen und analytischer Selbstkritik, und ich schöpfte immer wieder Hoffnung, dass alles doch noch gut würde. Das war für mich immer wieder Grund genug, sie nicht fallen zu lassen, ihr Schicksal und ihre grausame Mutter für ihr Handeln verantwortlich zu machen. Einmal hatte sie zu mir gesagt: „Ich brauche niemanden, der mich nur mag, wenn ich gut drauf bin. Ich brauche jemanden, der zu mir hält, wenn ich mal verrückt spiele, der mich nicht gleich fallen lässt, so wie es alle anderen und auch meine Mutter immer wieder mit mir gemacht haben." Genau das wollte ich ihr beweisen. Ich ließ sie nicht fallen, ich war stark und zuverlässig und sie sollte das sehen. Ein Psychologe klärte mich darüber auf, dass die Möglichkeit einer „Nachreife" bestehe, man müsse nur sehr viel Geduld aufwenden, denn es könne Jahre dauern. Das motivierte mich. Ich konnte das schaffen, ich hatte die nötige Geduld und Liebe. Ich wollte auf keinen Fall aufgeben, mit aller Kraft die Beziehung retten und meinen Sohn davor bewahren, getrennte Eltern zu haben. An eine Störung, die lebenslang existieren und immer wieder aus dem Nichts mit voller Härte zuschlagen würde, glaubte ich nicht. Es war doch irgendwie nur was mit den „Nerven verlieren", und man konnte doch lernen, mit so etwas umzugehen.
Im November 2004 hatte ich endlich wieder einen Job. Unsere angehäuften Schulden wurden gefährlich, wir hatten alle Reserven aufgebraucht. Ich musste schließlich eine Familie ernähren. Ich hatte als SAP-Berater im In- und Ausland gearbeitet. Mit sehr viel Fingerspitzengefühl hatte ich komplexe technische, wie auch politisch brisante Firmenprojekte übernommen und zu

einem erfolgreichen Ende gebracht. Ich hatte lange sehr hart und entbehrungsreich daran gearbeitet, so weit zu kommen.
Bei meinem neuen Job handelte es sich ebenfalls um ein großes Projekt, das über mehrere Standorte in ganz Deutschland und Österreich verteilt war. Anfangs pendelte ich noch, denn abends musste ich mich intensiv um Frau und Kind kümmern. Oft war ich fix und fertig, aber Eve überhäufte mich nur unentwegt mit Vorwürfen. Sie verlor regelmäßig die Nerven, wenn sie mit Alexander allein war und rief mich etwa zehnmal täglich an. Ich wusste, dass sie jemanden brauchte, der sie in solchen Momenten professionell auffing und in ihrer Nähe verfügbar war. Also besuchte ich eine Psychologin mit ihr und vereinbarte, dass Eve jederzeit in der Praxis würde anrufen können, was sie aber nie tat.
Auch meine Mutter bot ihre Hilfe an. Sie kochte, kümmerte sich um die Wäsche und kaufte ein. Sie tat alles, damit Eve sich ohne Stress um Alexander kümmern konnte. Meine Mutter liebte ihr Enkelkind und war gern in seiner Nähe.
Trotzdem war Eve völlig mit dem Kind überfordert. Sie schüttelte und schlug Alexander, bis er nicht mehr laufen konnte. Weinte er dann, so entschuldigte sie sich bei mir und dem Kind. Wenn ich registrierte, dass zu Hause das Chaos ausbrach, fuhr ich sofort und auch in der Nacht nach Hamburg. Ich besprach mit Eve ein Notprogramm. Sie sollte, wenn sie spürte, dass es nicht mehr gehe, Alexander bei meiner Mutter abgeben, egal zu welcher Tag- und Nachtzeit. Eve jedoch meinte, dass sie es nicht spüren könne, wenn es ihr zu viel würde. Sie spüre dann gar nichts mehr und ihr werde alles egal. Außerdem habe sie schon alles versucht, Alexander wolle sie nur fertigmachen.
Einmal war ich Zeuge, wie sie Alexander ins Gesicht und anschließend mit einem schweren Buch auf seinen Kopf schlug, als er etwas umstieß. Ich machte ihr klar, dass ich sehr wohl wisse, dass in ihrer Familie geschlagen worden war, und wie sehr sie darunter gelitten hätte, dies hier aber nicht akzeptiert würde. Ich hatte sehr viel Angst um Alexander, aber unsere finanzielle Situation erlaubte mir nicht, wieder ständig zu Hause zu sein.
Um unsere Wohnsituation zu verbessern, suchte ich uns ein Haus mit einem sehr großen Garten. Das Haus bot zudem Platz genug, dass meine Mutter ein eigenes Stockwerk beziehen und jederzeit für Eve da sein konnte. Eine Zeit lang nahm Eve diese Hilfe auch an. Ich war sehr erleichtert. Doch wenn meine Mutter abends schlafen gegangen war rief Eve mich regelmäßig im Hotel panisch an, während Alexander im Hintergrund schrie. Nur durch stundenlange Gespräche konnte ich Eve dann beruhigen. Ich aber war danach jedes Mal völlig ausgelaugt. Oft war es dann schon zwei Uhr morgens oder noch später, ich kam einfach nicht mehr zur Ruhe. Ich schlief mit Sorgen ein und wachte mit Angst auf. Angst um meinen Sohn. Die ganze Welt drehte

sich nur noch um Eve. Sie musste so stabilisiert werden, dass Alexander bei ihr sicher war.

Oft fragte ich mich, welche Bedeutung die Mutter für den Kleinen hatte. Als er noch gestillt wurde hat er oft nach der Mama gerufen und wollte nuckeln. Er suchte verzweifelt nach Körperkontakt und Wärme. Seine Mutter sollte ihn wieder in den Arm nehmen und lieb zu ihm sein, wie sie es in den ersten sechs Monaten gewesen war, als sie noch Spaß an ihrer Mutterrolle empfand. Später spielte sie nie mit ihm. Sie brauchte ständig eine Auszeit zum Lesen, Blumen umtopfen oder Ähnlichem. Sie wollte nicht gestört werden, denn dass nervte sie. Irgendwann wurden Alexanders Versuche, Kontakt zur Mama aufzubauen, weniger. Eve andererseits nahm ihren Sohn immer mehr als Konkurrenz wahr, als jemanden, der sie nur verärgern wollte. Jemand musste immer in ihrer Nähe sein, sonst eskalierte die Situation sehr schnell.

Anfang 2005 schlug Eve meine Mutter wegen einer Kleinigkeit nieder: Eine kleine, magere und damals schon über achtzig Jahre alte Frau, die froh war, wenn sie sich noch irgendwie auf den Füßen halten konnte. Meine Mutter hatte Eves widersprüchliche Wünsche, die Wäsche betreffend, falsch verstanden und aus Hilfsbereitschaft eine von deren Jeans in die Waschmaschine getan. Eve trat daraufhin wie von Sinnen und brüllend auf die Waschmaschine ein. Meine Mutter wollte Eve davon abhalten, die Waschmaschine zu demolieren und legte ihr die Hand auf die Schulter, damit diese aufhöre. Eve meinte später, sie hätte sich davon bedroht gefühlt. Schließlich habe meine Mutter versucht, sie anzugreifen, und sie hätte sich nur gewehrt und diese aus Notwehr niedergeschlagen.

Von diesem Moment an wollte Eve nicht mehr mit meiner Mutter zusammenwohnen. Schließlich eröffnete sie mir, dass sie nicht mehr könne, unglücklich sei und mich verlassen wolle. Ihr Entschluss stand fest.

Ich meldete mich für ein paar Tage krank, um Eves Umzug zu organisieren, wobei ich alle Kosten übernahm. Ich fand eine schöne möblierte Ferienwohnung, die Eve gefiel. Eine von ihren Freundinnen wollte mich zum Glück über Eves Verfassung und Alexanders Zustand am Laufenden halten. Aber nach ein paar Tagen schon beklagte Eve sich über Probleme mit ihrer Vermieterin. Diese sei genau so nervig und hilfsbereit wie meine Mutter. Ihrer Meinung nach kam sie vom Regen in die Traufe. Alles nerve sie schon wieder. Die Folge war eine schwere Depression, von der sie mir später erzählte. Nur Alexanders Schreien habe sie dann letztlich dazu motiviert, sich wieder zu erheben. Mit seinem Gebrüll hätte er sie wieder zurückgeholt und ihr die Verantwortung klar gemacht, die sie für Ihren Sohn habe. Dadurch hätte sie sich überwinden können, wieder aus ihrem Bett zu kriechen. Nach acht Wochen wollte sie schließlich wieder zu mir zurück, hatte Sehnsucht und wollte alles noch mal versuchen. Wieder ein paar Tausend Euro in ein paar Wochen ausgegeben.

Also versuchten wir es noch einmal. Jeder machte Zugeständnisse, jeder wollte den anderen ab sofort besser verstehen, und Probleme sollten offen thematisiert werden. Ein kompletter Neuanfang, auch Alexander zuliebe. Doch es dauerte nicht lang, da kehrten dieselben alten Probleme zurück: Eves Stress mit unserem Sohn, ihr Stress mit meiner Mutter ... Endlose Telefonate bis in die Morgenstunden, oft mit einem weinenden Kind im Hintergrund, waren erneut die Folge. Und wieder eskalierte die Situation: An einem Montag im Juli 2005 griff Eve meine Mutter zum zweiten Mal an, nachdem diese Alexander bei einer Kleinigkeit hatte helfen wollen. Sie schlug auf die alte Frau ein und wollte sie die Treppe hinunterstoßen. Ich konnte gerade noch dazwischen gehen und wurde dabei ebenfalls von ihr geschlagen. Ein paar Minuten später lief Eve in die Wohnung meiner Mutter, in welche diese inzwischen zurückgekehrt war, und schlug ihr ohne irgendeine Vorankündigung mit der flachen Hand und mit voller Wucht ins Gesicht. Alexander hatte dies alles miterlebt, aber das kümmerte Eve nicht. Sie fühlte sich verletzt und ungerecht behandelt.

Ich fühlte mich ohnmächtig angesichts ihres Verhaltens und war zudem völlig ausgelastet mit Geld verdienen, Schulden abbezahlen und dem unmöglichen Unterfangen, Eve als Mutter so zu stabilisieren, dass sie für Alexander „erreichbar" war. Um meinen Sohn zu schützen, nahm ich im Spätsommer 2005 Kontakt zu einem Facharzt für Neurologie, Psychiatrie und Psychotherapie auf und versuchte Eve dazu zu bewegen, dort vorstellig zu werden. Tatsächlich begab sie sich dort auch bis etwas Ende 2006 in psychotherapeutische Behandlung. Dr. D. diagnostizierte bei Eve ein Borderline-Syndrom, hinter dem sich fachlich korrekt, eine „emotional instabile Persönlichkeitsstörung" verbirgt. Diese könne auch als „Frühstörung" bezeichnet werden, da die Ursache für diese Persönlichkeitsstörung hauptsächlich in der Entwicklungsphase der ersten zwölf Monate vermutet wurde. Die einstige Drogenabhängigkeit hätten die Symptome vermutlich noch verstärkt, so der Arzt.

Als Eve meine Mutter im April 2007 erneut angriff, wusste sich diese nicht mehr anders zu helfen, als die Polizei zu rufen. Es wurde ein entsprechendes Ermittlungsverfahren eingeleitet. Dabei erklärte Eve „sehr ehrlich" gegenüber dem Polizeibeamten, sie sei durch mich von den Drogen weggekommen, leide nun am Borderline-Syndrom, wobei diese psychische Krankheit von Dr. D. in Hamburg behandelt werde. Sie nehme aber gegenwärtig keine Medikamente und das schon seit drei Monaten nicht mehr. Eve erklärte weiter, dass sie oft mit dem Alltag nicht zurechtkomme und dann depressiv werde. Sie bespräche sich dann aber mit Ihrem Arzt. Sie wirkte durchaus reflektiert auf die Beamten.

Zu jener Zeit verbrachte Eve hin und wieder das Wochenende außer Haus. Ich vermutete, - zu Recht, wie sich später herausstellte - dass sie begonnen hatte, sich wieder mit ihrer alten Drogenclique zu treffen und Rauschgift zu konsumieren. Ihr Frust wuchs stetig an, ohne dass ich noch irgendein Mittel dagegen gewusst hätte. Am liebsten würde sie nach Hamburg fahren, sagte sie später einmal, und sich am Hauptbahnhof ihren goldenen Schuss zu kaufen. Dann würde sie endlich ihre Ruhe haben. Meine Angst, dass sie dies wahr machen oder in einem ihrer Wutanfälle unserem Sohn oder meiner Mutter etwas antun könne, wuchs.

Dass Eve zu extremen und gefährlichen Handlungen fähig war, wusste ich aus ihren Erzählungen: Als Kind hatte sie ein Kaninchen besessen. Als es ihr nach zwei Monaten zu viel wurde, stellte sie das tägliche Putzen des Stalls einfach ein. Dann schaffte sie das Kaninchen im Februar mittags bei etwas Sonne in den Garten und „vergaß" es einfach. Am nächsten Morgen haben Bekannte das Tier am lebendigen Leib am Boden angefroren vorgefunden, es befreit und sofort zum Tierarzt gebracht. Leider zu spät. Eve erklärte, ihr sei „alles zu viel geworden". Später tat es ihr unglaublich leid um das Kaninchen. Der Stress führte bei ihr zu bedrohlichen Kurzschlusshandlungen, die sie nicht steuern konnte.

Meine beständige Sorge um Eve und Alexander führte dazu, dass ich meine Arbeitszeiten wieder auf zwei Tage die Woche reduzierte, um mich wieder intensiver um meine Familie kümmern zu können. Eve war infolgedessen kurzzeitig ausgeglichener und zufriedener. Bald jedoch verfiel sie wieder in ihren alten Stress, gab diesmal als Grund dafür den „goldenen Käfig", die „fehlende Rückzugsmöglichkeit" und die „Rolle als Hausfrau und Mutter" an. Ich bot ihr an, mit Alexander aus der Wohnung im ersten Stock auszuziehen, um mit ihm im EG zu wohnen. So hätte sie unsere gemeinsame Wohnung als Rückzugsmöglichkeit nutzen können. Eve fand den Vorschlag gut, und so überließ ich ihr im Spätsommer 2006 die Wohnung zur vollständigen alleinigen Verfügung, so dass sie letztlich selbst entscheiden konnte, wann sie Alexander zu sich nehmen, mich sehen oder in die Wohnung meiner Mutter kommen wollte.

Es folgten fast zwei Monate, in denen Eve wie unsichtbar für Alexander und den Rest der Familie war. Sie verließ mitten in der Nacht das Haus, kehrte erst morgens zurück und schlief bis in den Nachmittag hinein. Wir Übrigen durften aufgrund dessen nicht mehr laut sein. Alexander klopfte anfangs noch an ihrer Tür, aber diese blieb geschlossen. Meine Mutter und ich erzählten ihm, dass die Mama arbeiten sei und ihn besuchen würde, wenn sie wieder mehr Zeit hätte. Aber selbst wenn sie da war, sah sie über ihn hinweg. Sie wolle „wieder leben, wieder atmen können", das mit Alexander würde ihr „zu eng". Als der Kleine einmal hohes Fieber hatte, kam sie nur kurz ins Zimmer und sagte, dass sie von Freunden abgeholt werde und noch nicht wisse, wann sie wiederkomme, man solle nicht auf sie warten. Ich sagte ihr,

dass Alexander krank sei, aber sie reagierte überhaupt nicht und wirkte völlig desinteressiert.
Nach etwa zweieinhalb Monaten änderte sich Eves Verhalten schlagartig. Alexander hatte zehn Wochen keinerlei Kontakt mehr zu seiner Mutter gehabt und vermisste sie infolgedessen auch überhaupt nicht mehr. Anfangs suchte er sie noch, aber ohne zu weinen oder richtig intensiv traurig zu sein. Dann beachtete er sie genau so wenig, wie sie ihn. Er ging einfach an ihr vorbei, als wenn sie gar nicht da wäre. Das schockierte sie. Sie sagte: „Ich habe nicht gespürt, wie weit ich mich schon von meiner Familie und meinen Sohn entfernt habe." Sie heulte den ganzen Nachmittag bis in die Nacht, immer wieder. Das Verhalten ihres Sohnes hatte ihr die Augen geöffnet. So viel Selbstkritik, so viel Offenheit, so viel Ehrlichkeit. Ich hatte wieder die Hoffnung, dass sich doch noch alles zum Guten wenden könne. Für Alexander und für uns.
Mittlerweile war mein Arbeitsauftrag beendet, und es waren keine weiteren Aufträge in Sicht. Die Einkünfte waren für unseren Lebensunterhalt aufgebraucht. Daraufhin erklärte Eve, dass sie keine Lust mehr habe, schon wieder unter Geldmangel zu leiden. Sie teilte mir mit, dass sie uns alle so sehr liebe, dass sie sich nunmehr dazu entschlossen hätte, durch Liebesdienste und Drogengeschäfte schnell Geld in die Familienkasse zu bringen. Dies wäre ein sehr großer Vertrauensbeweis an ihre Familie und an mich, aber ich müsse dabei ihr Drogenkurier und Fahrer sein. Sie sagte dies auf eine Art, dass mir klar wurde, dass sie es absolut ernst meinte. Meine Versuche, ihr zu erklären, dass ich das nicht machen würde und dass wir, wenn wir alle zusammenhielten, es auch ohne solche Methoden schaffen würden, änderten ihre Meinung nicht. Sie könne nur noch an „Geld" denken. Ihr Kopf wolle einfach nicht ruhig werden. Sie würde erst dann wieder Frieden finden, wenn sie schnell zu Geld komme. Mir wurde angst und bange.
Aus dieser Angst heraus nahm Kontakt zur Polizei auf und schilderte die Situation, in der ich mich mit meinem Kind befand. Dass ich für Alexander eine Mutter brauche, aber nicht wisse, wie ich mich richtig verhalten solle, um nicht selbst später wegen Mitwisserschaft oder Beihilfe Probleme zu bekommen. Anschließend kontaktierte ich eine Drogenberatungsstelle. Bei der Polizei sagte man mir, dass ich entsprechende Vorfälle sofort zur Anzeige zu bringen habe. Zudem verwiesen mich beide Ansprechpartner an das Jugendamt.
Ich suchte eine offene und ehrliche Aussprache mit Eve. Als ich ihr jedoch zu sagen versuchte, dass ich Besuche in der Nacht auf Anraten der Polizei zur Anzeige bringen und dem Jugendamt melden solle, rastete sie aus. Wir beendeten die hitzige Diskussion, indem sich jeder in sein Stockwerk zurückzog. Ich mit Alexander in das Erdgeschoss, Eve in den ersten Stock. Zunächst

blieb alles ruhig, und eine Stunde später schlief ich mit dem Kleinen ein. Gegen zwei Uhr morgens riss Eve die Tür im angetrunken Zustand auf, ging zu Alexanders Bett und packte das Kind, das völlig schockiert erst überhaupt nicht reagieren konnte. Sie sagte: „Das ist mein Kind, das gehört mir, ich bin die Mutter, ich habe das alleinige Erziehungsrecht, du hast gar nichts." Dann nahm sie Alexander mit in ihre Wohnung im ersten Stock und sperrte sich ein. Alexander weinte und schrie hinter der Tür nach mir, es war furchtbar. Ich fühlte mich absolut ohnmächtig, war wütend und hatte solche Sorgen um mein Kind. Ich forderte Eve auf, sofort die Wohnungstür zu öffnen, sonst würde ich sie gewaltsam aufbrechen, um zu meinem Kind zu kommen.

Da sie sich hartnäckig weigerte, die Tür zu öffnen, trat ich sie tatsächlich mit dem Fuß ein. Das war ein großer Fehler, den ich bitter bereuen musste. Eve saß mit dem immer noch weinenden Kind auf dem Bett. Ich sagte: „Ich bleibe hier stehen, ich will nur, dass Alexander mich sieht und dass er merkt, dass keine Gefahr besteht. Wenn er sich beruhigt, dann kann er bei dir schlafen. Falls er weiterhin weint, werde ich für meinen Sohn da sein. Eve drohte mir, sie werde sofort zu ihrem Bruder (der ebenfalls drogenabhängig war) oder nach Berlin fahren, falls ich nicht sofort die Wohnung verließe. Dann seien sie und das Kind weg. Ich könne sie nicht daran hindern, da sie das alleinige Sorgerecht habe. Ich zweifelte keinen Moment daran, dass es ihr damit ernst war.

Auf einmal klingelte es, und vier Polizisten standen vor der Tür. Eve hatte zuvor, ohne dass ich es mitbekommen hatte, die Polizei angerufen. Sie hätte furchtbare Angst, ich könne ihr und Alexander etwas antun, so gewalttätig und aggressiv wäre ich gewesen. Ich hätte die Tür eingetreten und sie bedroht. Ich versuchte, den Polizisten die Situation wahrheitsgemäß zu schildern. Diese interessierte allerdings nur, ob es stimme, dass die Mutter das alleinige Sorgerecht habe. Ich bejahte und erhielt zur Antwort, dass die Mutter in diesem Fall ein unanfechtbares Anrecht auf ihr Kind habe und im Übrigen mit diesem auch hingehen könne, wo sie wolle. Man müsse mich jetzt auf die Polizeiwache mitnehmen, um zu vermeiden, dass es erneut zu einem gewalttätigen Übergriff auf Mutter und Kind komme. Ich war sprachlos. Niemals hatte ich einen anderen Menschen in irgendeiner Form bedroht oder Gewalt angewandt. Eve saß derweil wie ein eingeschüchtertes Rehlein zusammengekauert und ängstlich auf der Treppe. Niemals hätte ihr in diesem Moment jemand zugetraut, dass von ihr irgendeine Art von Provokation oder Gewalt ausgehen könne. Ich forderte sie auf, den Beamten sofort zu sagen, dass wir die Situation in den Griff bekommen würden und dass man mich nicht in eine Zelle sperren müsse. Ich wusste, dass sie irgendwo in der Wohnung Drogen versteckte und gab ihr zu verstehen, dass ich dies andernfalls der Polizei mitteilen würde. Also gab sie nach. Aber ab diesem Zeitpunkt wusste ich ganz genau, welche Macht Eve durch das alleinige Sorgerecht besaß. Die furchtbare Wahrheit war, dass ich rechtlich gesehen keine Möglichkeit hatte, meinen Sohn vor Übergriffen zu schützen.

Auch Eve hatte begriffen, wie erpressbar ich dadurch war. Von diesem Moment benutzte sie das Kind beliebig als Druckmittel. Sie setzte zum Beispiel einen Vertrag auf, der mir jeden Umgang mit Leuten, die sie nicht leiden konnte, verbot. Jede Zuwiderhandlung würde dazu führen, dass mir jeglicher Umgang mit Alexander verboten würde. Auf einmal wurde unser gemeinsamer Sohn wichtig für sie, - wichtig als fantastisches Druckmittel. Das Kind selbst spielte nach wie vor keine Rolle für sie.

Ich begann mich einschlägig zu informieren und musste feststellen, dass es keine juristische Möglichkeit gab, das gemeinsame Sorgerecht einzutragen, solange die Mutter sich weigerte. Ich war nur noch verzweifelt. Es spielte nicht die geringste Rolle, wie ich mich um Alexander und seine Mutter in den letzten Jahren gekümmert hatte. Oder dass ich seit der Schwangerschaft rund um die Uhr für beide da gewesen war. Als Vater hatte ich keinerlei Rechte. All die Hilfe, all die Aufopferung, - nichts wert. Alles, was zählte, war das Sorgerecht, und das hatte allein die Mutter. Kein Gericht in Deutschland hätte das anders gesehen. Ich hätte jahrelang prozessieren müssen, um ein gemeinsames Sorgerecht zu erwirken. Dafür fand ich im Internet genügend entmutigende Fallbeispiele.

Von nun an regelte Eve auf teilweise sadistische Art, wer wann mit Alexander Kontakt haben durfte, und wer wann nicht. So geschah es immer häufiger, dass sie Alexander plötzlich beim Spielen mit meiner Mutter aus dem Wohnzimmer holte, weil ihr z. B. die „Babysprache", mit der meine Mutter mit Alexander sprach, nicht gefiel. Mitunter verbot sie uns auch, den Kleinen zu füttern, weil sie kochen wollte. Wir mussten dem Kind daraufhin heimlich Essen geben, da sie nie zur Essenszeit fertig war. Manchmal schlief sie bis in den Nachmittag hinein. Wehe aber, man weckte sie dann und fragte, ob sie - so wie gestern - kochen würde. „Ich lasse mich nicht kontrollieren, ich werde unter Druck gesetzt, ihr wollt mich alle fertigmachen", war die Antwort. Gab man dem Kind dann etwas zu essen, weil es Hunger hatte, fühlte sie sich hintergangen. Wir wären falsch, verlogen und keine Familie. Sie wolle so nicht mehr mit ihrem Sohn leben und ausziehen. Es war ein Teufelskreis, und es wurde immer schlimmer.

Ich beschloss, mich nun doch endlich an das Jugendamt zu wenden, was zunächst wunderbar positive Erfolge versprach: Durch einen Besuch des Jugendamts bei uns zu Hause konnte Eve überzeugt werden, einer Übertragung der elterlichen Sorge auf den Vater zuzustimmen. Auf die Frage, ob sie der Meinung ist, dass ich ein guter Vater wäre, sagte sie, einen besseren könne sie sich für ihr Kind nicht wünschen. Die Mitarbeiter des Jugendamtes erklärten ihr auch, dass ein Kind kein Druckmittel gegen das andere Elternteil sein dürfe. Mir fiel ein Stein vom Herzen. Ab jetzt durfte ich mich offiziell um meinen Sohn kümmern und hatte die gleichen Rechte und Pflichten wie seine Mutter. Ich hatte in permanenter Sorge gelebt, Eve könne mir tatsächlich meinen Sohn völlig entziehen. Ich wusste ja, wie sie bei der kleinsten Kleinigkeit die Kontrolle über sich verlieren konnte. Oft genug hatte ich erleben müssen, wie sie Alexander grundlos anbrüllte, grob anpackte und aus dem Affekt heraus schlug. Und dann die Nächte, in denen sie das Kind völlig kaputt und entnervt regelrecht in das Wohnzimmer meiner Mutter auf den Boden oder ins Bett „knallte". Ohne jedes Gefühl, ohne jede Regung, so eiskalt, grob, lieblos und grausam, dass Alexander noch im Schlaf weinte und schluchzte. Es zerriss mir jedes Mal das Herz. Am nächsten Tag konnte sie sich dann wieder zuckersüß, nett und selbstkritisch bei ihrem Sohn entschuldigen. Dass sie in Zukunft alles besser machen würde, hörte er dann zum tausendsten Mal.

Eve wusste nicht, dass mir das Jugendamt beim ersten Termin geraten hatte, sofort bei Gericht einen Eilantrag auf das alleinige Sorgerecht zu stellen. Ich erklärte daraufhin, dass ich diesen gerichtlichen Schritt nicht machen wolle, denn das hätte einen völligen Vertrauensbruch zwischen Eve und mir bedeutet. Vertrauen war für Eve sowieso ein zentrales Problem, seit sie von ihrer Mutter aus heiterem Himmel in ein 200 Kilometer entferntes Heim gesteckt worden war. Etwas, das sie erst auf der Autofahrt dorthin erfahren hatte.

Weil ich nicht sofort gerichtlich gegen die Mutter vorgehen und das alleinige Sorgerecht auf mich übertragen lassen wollte, wurde ich nach dem Erstgespräch massiv vom Jugendamt unter Druck gesetzt. Ich wäre ihr hörig, wäre zu schwach, die Mutter vor die Tür zu setzen oder sogar co-abhängig, also selbst schwer krank. Aber ich hatte mich nun einmal gegen ein gerichtliches Verfahren entschieden und war im festen Glauben, das Jugendamt unterstütze mich dennoch. Ich erhoffte mir von ihnen hilfreiche Lösungsstrategien oder die Möglichkeit einer Familientherapie. Insgeheim glaubte ich immer noch, dass es Heilung für Eve geben könne. Ich hoffte inständig, mein Wunsch, eine glückliche Familie zu haben würde doch noch in Erfüllung gehen. Ich musste meine grenzenlose Naivität teuer bezahlen. Was von nun an mit meinem Leben geschah, war unbegreiflich und hätte meinen Sohn und mich beinahe zerbrochen.

Sechs Monate waren seit meinem ersten Kontakt mit dem Jugendamt vergangen. Eve konnte überzeugt werden, sich einer stationären Therapie zu unterziehen. Auch ich wollte mir professionelle Unterstützung holen, um meinen Beitrag zu leisten. Es war festgestellt worden, dass siebzig Prozent der Rückfälle bei bestimmten Persönlichkeitsstörungen vermieden werden können, wenn sich die ganze Familie Verständnis, Wissen und Schulung bezüglich der Symptome aneignet. Ich las viel über das Krankheitsbild und über Resilienzen bei Kindern. All meine Gedanken kreisten darum, wie ich Alexander und die Mutter stärken und stabilisieren könne.

Was ist dabei übersah war, wie intensiv Eve diese Monate nutzte, ein völlig anderes Bild von mir bei der Sachbearbeiterin des Jugendamts zu erschaffen. Sie erzählte die bizarrsten Horrorgeschichten über mich: dass ich das Kind mit Lungenentzündung in der Nacht im kalten Wasser am See baden ließe, dass ich ihn mit Scherben in den Füssen nicht zum Arzt bringe ... Diese negative Propaganda verfehlte offensichtlich nicht ihre Wirkung, eine Gefahr, die ich völlig unterschätzt hatte.

Nach einigen dieser Horrorgeschichten teilte ich der zuständigen Sachbearbeiterin beim Jugendamt mit, dass ich nicht mehr bereit sei, jeden Tag unzählige Gegendarstellungen zu liefern. Ich müsse arbeiten, um meine Familie zu versorgen. Die Sachbearbeiterin schien Verständnis zu haben und war offensichtlich damit einverstanden, dass ich von nun an keinen Kommentar mehr zu all diesen Denunzierungen liefern würde. Ich ging davon aus, dass das Jugendamt immer noch auf meiner Seite war und die Situation richtig einschätzte.

Da Eve sich dazu bewegen hatte lassen, eine stationäre Therapie zu absolvieren, schöpfte ich wieder Hoffnung. Es waren die friedlichsten, glücklichsten, stresslosesten Monate seit der Geburt von Alexander. Gegen Ende der dreieinhalb Monate Therapie wollte Eve diese sogar noch mal um vier Wochen verlängern, weil sie begriff, welche Chance diese für ihr Leben darstellte. Doch dann kam alles ganz anders.

An einem Dienstag, ich kann mich noch genau erinnern, erhielt ich kurz vor Mittag einen Anruf vom Jugendamt in der Arbeit. Alexander habe Gift getrunken, diese Meldung sei gerade eingegangen. Man könne jetzt nicht mehr länger zusehen, in welcher Gefahr sich das Kind bei mir befinde. Ich erwiderte ganz ruhig, dass es hier um eine Falschmeldung handeln müsse, da ich noch kurz zuvor mit unserer Haushaltshilfe gesprochen habe, die im Übrigen gerade mit Alexander auf dem Weg zu mir sei und mich in zehn Minuten abholen würde. Ich wollte wissen, wer dem Jugendamt diese Mitteilung gemacht hätte, aber aus Datenschutzgründen verweigerte man mir eine Antwort.

Ich versuchte für mich, die Situation zu klären. Am Montag hatte ich ein Reinigungsgerät für Teppiche gekauft, in welches ein Behälter für mit Wasser gemischtem Reinigungspulver integriert war. Alexander war neugierig, er liebte alles, was mit Wasser zu tun hatte. So passierte es, dass er seine Finger in das glasklare Wasser steckte. Da ich meinen Sohn immer aus einem Augenwinkel beobachtete, sah ich es sofort und sagte ihm: „Finger raus, da ist Gift drin, davon kannst du Bauchweh bekommen!" Diese Geschichte muss irgendwie über die ambulante Altenhilfe meiner Mutter hinweg als Horrorgeschichte im Jugendamt angekommen sein und wurde von der letzten Person nach dem Prinzip der „stillen Post" entsprechend dramatisch erzählt. So meine Theorie.

Obwohl die Geschichte aufgeklärt wurde, fuhren die Mitarbeiter des Jugendamtes in die Klinik, um der Mutter zu erzählen, wie gefährlich Alexander bei seinem Vater lebe, und dass das Kind in ein Heim müsse. Eve erwiderte, sie wolle das nie und nimmer und werde sofort die Therapie abbrechen. Sie erinnerte sich, wie schlimm es für sie war, von ihrer Mutter ins Heim gesteckt zu werden. Man einigte sich mit ihr, dass sie zum Schutz ihres Sohnes vor dem gefährlichen Vater in ein Mutter-Kind-Heim gehen könne. Dies lief alles ohne mein Wissen ab. Eve war bereits seit vier Wochen wieder zu Hause, als sie mir mitteilte, dass sie in zwei Wochen ausziehen werde. Alles sei schon organisiert worden. Ich fiel aus allen Wolken. Eve allein mit Alexander? Sogar beim Malen stritt sie über Buntstifte mit ihm. Wie sollte das funktionieren?

Mir wurde auf Nachfrage eine völlig andere Geschichte aufgetischt. Man hätte versucht, Eve im Rahmen ihrer Therapie Erziehungsunterstützung zu geben, wäre aber damit gescheitert. Zu intensiv seien die Defizite bei der Mutter, was die Erziehung anbelange. Zudem bestehe eine Bindungsstörung zum Kind. Man arbeite in besagtem Mutter-Kind-Heim sehr eng in einer fast großfamiliären Wohngemeinschaft miteinander. Nichts entgehe den wachsamen Augen des professionell geschulten Personals, und mein Sohn sei jede Minute wohl behütet. Wenn ich meinem Sohn und seiner Mutter helfen wolle, dann solle ich den Antrag „auf Hilfe für meinen Sohn" beim Jugendamt unterschreiben und nicht versuchen, das zu sabotieren. Außerdem hätte ich auch gar keine andere Chance, so die Erfahrung der Mitarbeiterin des Jugendamtes. Es gäbe kein Gericht in Deutschland, welches das Kind vor der Vollendung seines sechsten Lebensjahres dem Vater übergebe, auch wenn die Mutter krank sei. Unter Vorbehalten unterschrieb ich den Antrag in der festen Überzeugung, dass das Jugendamt hier wirklich versuche, meinem Sohn und seiner Mutter zu helfen. Ich wusste nicht, dass ich mit meiner Unterschrift meine Zustimmung zu einem lebensgefährlichen Experiment gab, in dem mein Sohn die Hauptrolle spielen sollte.

Was ich zu diesem Zeitpunkt überhaupt nicht überblickte war, dass ich mit meiner Unterschrift allem „freiwillig" zugestimmt hatte. Später wurde mir dies immer wieder vorgehalten: „Sie haben es doch so gewollt." Außerdem waren durch meine Unterschrift die ambulanten Mitarbeiter des Jugendamtes nicht mehr zuständig. Sie waren wie vom Erdboden verschwunden und gingen nicht mehr ans Telefon. Mir wurde mitgeteilt, dass sie sowieso schon zu viel Zeit und sogar Überstunden in uns investiert hätten und nun nichts mehr für mich und das Kind tun könnten.

Alles ging jetzt sehr schnell, und ein paar Tage später fuhren Eve, die Sachbearbeiterin des Jugendamts und ich in das Mutter-Kind-Heim. Ich sollte mich selbst von der „familiären und fast kuscheligen" Atmosphäre der Einrichtung überzeugen. Dort angekommen gab es in dem Haus mit 15 Zimmern Kaffee und Kuchen. Elf Frauen lebten dort mit ihren Kindern. Man würde alles tun, damit es Alexander gut gehe, keine Minute wäre er unbeobachtet, man verfüge über jahrzehntelange Erfahrungen und habe in vielen ähnlichen Fällen bereits helfen können. Ich bräuchte mir also keine Sorgen machen, man würde sofort reagieren. Man werde jetzt mit Eve lernen, wie man mit Kindern umgeht. Ich dachte, dass dies ja grundsätzlich ein ganz guter Ansatz sei.

Dann kam ein Moment böser Überraschung, als die neue Bezugsbetreuerin mir sagte, dass ich erst einmal vier Wochen Besuchsverbot hätte, damit Alexander sich voll auf sein neues Zuhause konzentrieren könne und nicht abgelenkt werde. Ich erwiderte, dass ich damit ein Problem habe, ließ mich aber durch den subtilen Vorwurf überreden, das Erfolgskonzept nicht durch meine Kritik zu torpedieren.

In den folgenden Tagen organisierte ich den Umzug. Innerlich war ich hin- und her gerissen. Ich fragte mich ständig, ob Alexander wirklich Hilfe erhalten werde. Ob er das fröhliche, lachende Kind bleiben würde, welches bis auf die Probleme mit der Mutter doch eine glückliche und schöne Zeit bei mir hatte; in einem Mehrgenerationshaus mit riesigem Garten, in dem auch seine Oma lebte, die immer für ihn da war. Was mochte in einem zweijährigen Kind vor sich gehen, wenn die wichtigste Bezugsperson, also ich, auf einmal nicht mehr da war. Ich konnte ihn nicht mehr beschützen und hoffte inständig, dass die Mitarbeiter in diesem Heim wussten, was sie taten.

Da war ich nun sechs Jahre lang unter Aufbietung all meiner Kräfte und unter größter Opferbereitschaft erst für Eve, und dann für meinen Sohn da gewesen. Und nun kamen zwei freiberufliche Mitarbeiter des Jugendamtes und vermittelten mir das Gefühl, dass ich in den vergangenen Jahren alles falsch gemacht hätte. Ich wäre zu nett zu dem Kind gewesen, hätte es zu sehr in Watte gepackt und dadurch verhindert, dass es für die harte Welt draußen stark werden könne. Ich hätte mich zu sehr um die Belange der Mutter gekümmert und dadurch verhindert, dass die Mutter lerne, Verantwortung zu übernehmen. Das war alles sehr irritierend und schmerzhaft. Keiner meiner Ansprechpartner hatte mir auch nur im Ansatz vermittelt, was hilfreicher gewesen wäre – doch nun bekam ich die komplette Verantwortung zugeschoben. Nachdem ich bis über die Grenzen meiner Belastbarkeit gegangen war, war ich derjenige, der „versagt" hatte.

Dann kam der Tag, an dem Eve die Koffer für sich und Alexander packen sollte. Nichts passierte. Sie hatte den ganzen Tag Stress, machte dabei aber im Grunde überhaupt nichts. Ich bot ihr an, die Sachen in den nächsten Tagen nachzubringen, damit sie jetzt nicht so gestresst sei. Inzwischen reichte die kleinste Kleinigkeit von Alexander, ein Weinen oder ein kleiner Kummer, und sie explodierte. Dann, kurz vor dem Aufbruch, fing sie an zu weinen. Zwei Freunde kamen und wollten sich verabschieden. Sie fragten Eve, warum sie das tue, und ob es für Alexander wirklich gut sei. Eve antwortete daraufhin, dass Alexander in diesem Haus in Gefahr wäre und deshalb müsse sie mit ihm fort. Dann – nach all dem Hass - ging sie weinend zu meiner Mutter und sagte, dass sie sie sehr lieb hätte und vermissen würde. Auch meine Mutter weinte sehr. Ich spürte, wie mir selbst die Tränen kamen. Alexander verstand überhaupt nicht, was da um ihn herum passierte.

Auf der Fahrt fragte mich mein Sohn, wo wir jetzt hinfuhren. Ich log ihn an. Ich weiß nicht, ob das richtig war. Ich wollte es ihm nicht noch schwerer machen. Ich konnte ihm doch nicht sagen, dass ich große Angst um ihn hatte und gar nicht wolle, dass er mit der Mama weggeht.

Ich log ihn also an und sagte, dass er jetzt Urlaub mit der Mama mache, und dass der Papa jetzt erst mal viel arbeiten müsse, ihn aber bald wieder besuchen kommen werde.

Schon im Auto gab es dann wieder Ärger. Eve hatte eine Flasche Sekt dabei, lustig sollte alles sein, sie wollte „Autoparty" machen. Unsere Haushaltshilfe, die Alexander sehr nahe stand, und deren Freund begleiteten uns auf der Fahrt. Eve trank mit dem Freund die Flasche Sekt alleine, er kaufte sich Bier. Alle lachten, weil sie so verrückt war. Es war eine „Riesengaudi". Nur ich fand das nicht lustig. Es war stickig, feucht und roch penetrant nach Alkohol. Wir machten Pause, und ich konnte sie nicht davon abhalten, an der Tanke weiteren Nachschub zu besorgen. Für sie war ich mal wieder der Spielverderber und die Spaßbremse.

Im Mutter-Kind-Heim angekommen, ging es zuerst in den Kindergarten zum Elterngespräch. Die zuständige Betreuerin war sehr nett und freundlich. Sie machte auf mich einen sehr guten Eindruck, auch der Kindergarten schien in Ordnung zu sein. Ich hatte wieder etwas mehr Vertrauen in die Personen hinter dem Experiment. Die Betreuerin sagte mir, ich sei ein sehr netter Vater und könne selbstverständlich auch schon in den ersten Wochen zu Besuch kommen. Es wäre nur so, dass mache Frauen hier schlechte Erfahrungen mit den Vätern gemacht hätten und deshalb normalerweise ein Hausverbot von vier Wochen gelte, um die Frauen zu schützen. „Aber von ihnen geht keine Gefahr aus. Wenn das für die Mutter auch in Ordnung ist, dann kommen sie einfach, wenn Sie Zeit haben."

Am nächsten Tag, als wir den Umzugslastwagen ausräumten, kam die Betreuerin erneut auf mich zu. Sie hätte inzwischen mit dem Team Rücksprache gehalten, und es könne für mich nun doch keine Ausnahme gelten. Das wäre auch gut für Alexander. Ich fragte mich, was passiert sei. Nachdem ich meinen anfänglichen Schreck überwunden hatte, fragte ich sie direkt, ob sie Berichte vom Jugendamt erhalten hätte, die mich nun als „bösen und gefährlichen Mann" darstellen würden. Ob ich nun nicht mehr der nette Vater sei. Sie dementierte aber alles. Nein, da wäre gar nichts. Doch ihre Angst, mir die Wahrheit zu sagen, konnte ich nicht übersehen. Irgendwie hatte ich das Gefühl, dass sie log. Es war furchtbar für mich, ich hatte nicht die geringste Chance, mich zu verteidigen. Ich kannte die Anklagepunkte nicht. Niemand sagte mir offen, was ich denn getan hätte. Welche „Geschichten" mochten festgehalten sein, die mich vielleicht als „gefährliches Monster" für meinen Sohn oder dessen Mutter darstellten. Jetzt erst kam mir der furchtbare Gedanke, dass Eve vielleicht doch in den letzten Monaten mit ihrer negativen Propaganda über mich beim Jugendamt einen Eindruck hinterlassen hatte, der jetzt seine Konsequenzen zeigte. Ich fühlte mich so belogen. Diese freundliche, nette Art, die mir aber gleichzeitig nicht die geringste Chance ließ, mich zu verteidigen. Erst viel, viel später erfuhr ich durch Zufall, dass ich in den Akten des Jugendamtes als psychisch krank geführt wurde. Vieles von dem Verhalten, was mich immer wieder irritiert hatte wurde nun im Nachhinein für mich erklärlich.

Den Akten nach litt ich ebenfalls unter dem Borderline-Syndrom. Ich wäre der Mutter von Alexander gegenüber aggressiv und würde meine Störung auf diese projizieren, um so von meiner Erkrankung abzulenken. Es war unfassbar für mich. Man bezeichnete mich als co-Abhängigen, der an derselben Krankheit litt wie Alexanders Mutter. Dass ich damals nicht, wie vom Jugendamt angeraten, sofort gerichtlich gegen Eve vorgegangen war, galt anscheinend der Beweis für die Behauptung einer ungesunden Abhängigkeit. Und zudem ebenfalls „Borderliner"? Es fällt mir schwer zu beschreiben, wie es sich für mich anfühlte, damit konfrontiert zu werden. Wie kann ein Amt derartige Aussagen ohne fundierte Grundlage in Akten eintragen? Unbelegte Aussagen, aufgrund derer über die Existenz eines Kindes entschieden werden sollte? Akten, die zudem so geheim waren, dass sie den Beteiligten prinzipiell nie zugänglich gemacht wurden. Wie kann man sich vor so etwas schützen, wie wehren?

Ich wurde behandelt mit jener Freundlichkeit, die man Verrückten zukommen lässt, wenn man ihnen auf der Straße begegnet. Nett, und immer das Gefühl vermittelnd, es sei nichts, überhaupt nichts. „Was meinen Sie? Nein, dass bilden Sie sich nur ein. Nein, es steht nichts Negatives über Sie in den Akten. Nein, es hat sich auch niemand negativ über Sie geäußert. Wir haben überhaupt noch keine Unterlagen über Sie und Ihre Familie, und ich weiß auch nicht, ob es überhaupt welche gibt. Keine Ahnung, dafür sind wir nicht zuständig.

Obwohl ich versucht hatte, den Übergang zwischen unserem Zuhause und dem Heim für Mutter und Kind so friedlich und stressfrei wie möglich zu gestalten, hatte Eve nur noch Stress. Sie rief mich jeden Abend an, um mir davon zu berichten, was alles wieder passiert war. Eve erzählte mir, dass sie ihre Medikamentendosis einfach selbst um vierhundert Prozent erhöht habe, damit sie überhaupt noch schlafen könne und nicht „austicke". Sie bekam Hautausschläge und Ekzeme und war schon nach einer Woche völlig am Ende. Entsprechend ging es Alexander. Er bettnässte schon ab dem zweiten Tag, was bei uns nie vorgekommen war. Er weinte Tag und Nacht, lief durch das Haus und suchte seine Mama. Diese aber saß, weil sie sowieso nicht schlafen konnte, rund um die Uhr im Gemeinschaftsraum, rauchte und unterhielt die anderen Mütter, die ebenfalls lieber zusammensaßen, als bei ihren Kindern zu bleiben.

So kam es dazu, dass Alexander in seiner ersten Nacht in völlig fremder Umgebung allein gelassen wurde. Er wurde wach, weinte und störte damit die anderen Mütter, die ebenfalls für ihre aggressive Art bekannt waren. Eine der Mitbewohnerinnen machte Eve auf Alexander aufmerksam und sagte ihr, dass ihr Sohn mit seinem Geheule das ganze Haus aufwecke. Sie solle sich gefälligst um ihn kümmern, weil er nerve. Von diesem Zeitpunkt an schien er Angst vor den „bösen Mamas" zu haben. Ich kann nur ahnen, dass er in dieser ersten Nacht angeschrien und vielleicht sogar geschlagen wurde.

Vorbei mit der Illusion, dass es sich hier um eine „nette und kuschlige Familie" handle, in der auch genau hingeschaut würde, dass den Kindern nichts passiere. Es war ein Schock für mich. Für Alexander aber war es traumatisch: Weit entfernt von seinem vertrauten Zuhause ohne seinen Papa und seine Oma, in einem fremden Haus mit fremden Menschen, nachts alleine gelassen und für seine Angst sollte er auch noch Strafe beziehen. Von da an wollte er nachts sein Zimmer nicht mehr verlassen. Er blieb dort, weinte und schrie. Das wiederum nervte und stresste Eve, die damit völlig überfordert war und dem Kind unterstellte, dass es sich nur so verhalte, um ihr das Leben schwer zu machen. Einem Zweijährigen! Jeden Tag rief sie mich an und erzählte mir die reinsten Horrorgeschichten. Es war eine Folter für mich zu erfahren, was mein Sohn dort durchmachen musste, ohne dass ich etwas für ihn tun konnte. Ich hatte schließlich Kontaktverbot zu dem Kleinen.

Nach drei Wochen wurde mir vom Heimpersonal erklärt, dass es Eve nur deshalb so schlecht ginge, weil ich sie jeden Tag anriefe. Dass die Initiative von Eve ausgehen könne, wurde regelrecht abgewehrt. Dies schien nicht in das einfache Bild zu passen, welches sich die Betreuerinnen von der Situation machten. Und wieder wurde ich als der Verursacher der Probleme gesehen. Ich erinnere mich, einmal am Telefon Streit mit Eve gehabt zu haben. Danach rief sie mich vier Tage nicht an, und obwohl ich in großer Sorge um Alexander war, hielt ich mich zurück. Später erzählte Eve mir, dass sie aufgrund des unerträglichen Stresses in dieser Zeitspanne die Maximaldosis Artosil geschluckt habe. Und nun wurde ich darüber informiert, dass beobachtet wurde, wie Eve in eben diesen vier Tagen ohne Kontakt zu mir auffallend „ruhig und ausgeglichen" gewesen wäre. Also wäre ich doch offensichtlich derjenige, der die Probleme verursache, und solle doch in Zukunft auf Telefonate mit ihr verzichten. Das Einzige, was für mich offensichtlich war, war die Tatsache, dass es anscheinend keine Kontrolle über den Zustand von Eve und deren Medikamentenmissbrauch gab. Wenn dies die hilfreiche Aufmerksamkeit von professionellem Fachpersonal war, wie viel Schutz erhielt dann mein Kind in dieser Einrichtung? Wenn die zuständige Betreuerin die „auffallend spontane, ruhige und ausgeglichene" Art der Mutter nicht als Ergebnis einer hoch dosierten Medikamenteneinnahme erfasste, wie kompetent war sie dann überhaupt?

Meine Gedanken waren nur noch bei Alexander. Welche Chance hatte er eigentlich, von seiner Mutter wahrgenommen zu werden? Eve berichtete mir einmal, dass ein Bekannter, nach der Einnahme von Artosil seine Erinnerung an diese Tage verloren hatte. Wie mag sich der Kontakt zwischen Mutter und Kind unter Einfluss dieses Medikamentes gestalten? War sie überhaupt in der Lage, ihr Kind noch wahrzunehmen, wenn sie ihre eigene Wahrnehmung durch Medikamente auslöschte?

Freunde, die ich bat, Alexander und seine Mutter zu besuchen, teilten mir mit, dass Alexander nun schon seit vier Wochen ununterbrochen bettnässte. Sie berichteten weiterhin, dass er überhaupt nicht mehr lache. Er wäre nicht mehr wie früher fröhlich auf sie zugekommen, sondern schaue nur noch auf den Boden, wirke verstört und ängstlich und habe auch keine Geschenke mehr angenommen. Er müsse an der Hand der Mutter gehen, und sie habe ihm gedroht, dass er, wenn er nicht höre, wieder eine „Auszeit" im Zimmer bekommen würde. Dabei müsse er auf unbestimmte Zeit allein im Zimmer sitzen und überlegen, was er falsch gemacht habe, bis ihn die Mutter wieder hole. Auch der Umgang der Erzieher mit den Müttern und Kindern beunruhigte mich. Als ich Alexander endlich wieder besuchen durfte, kam ich gerade während des Essens. Er sah mich und war ganz aufgeregt. Die Erzieherin sagte daraufhin zu ihm, dass er jetzt nicht zum Papa dürfe, erst müsse er aufessen. Emotionale Erpressung schien hier eine ganz normale Umgangsform zu sein. Und wenn sich die Kinder im Garten mit Stöcken auf den Kopf schlugen, gegenseitig wehtaten und schrien, dann störte das niemanden, außer die Nachbarn. Wenn sich diese mal wieder beschwerten, dann rannten die Mütter und Erzieher in den Garten, brüllten die Kinder an, packten sie grob am Arm, zerrten Sie ins Haus und sperrten sie weg. Draußen spielen war dann verboten. Dass das einzige Spielzimmer im Haus seit zwei Jahren wegen „Renovierung" geschlossen hatte, störte hier ebenfalls niemanden. Die Erzieherinnen und Erzieher waren hauptsächlich damit beschäftigt, Tagesprotokolle zu schreiben und zu telefonieren. Um bei diesen administrativen Tätigkeiten ungestört zu sein, sperrten sie sich in ihr Büro ein. Nur eine der Betreuerinnen suchte wirklich den Kontakt zu den Müttern und Kindern und wurde deshalb auch in der Gruppe offen kritisiert. Sie würde viel zu viel Zeit dadurch „verlieren" und käme deshalb nicht mit ihren administrativen Arbeiten hinterher.

Auch wenn Eve ihren Sohn anbrüllte, ihm halb das Ohr herausriss und ihn ins Zimmer schleifte, weil er es mit der Neugier eines Zweijährigen gewagt hatte, in das Zimmer der Neuankömmlinge zu laufen, dann schien das für die Mitarbeiter dort schon in Ordnung zu sein. Er hatte ja keine blauen Flecken. Für viele der dort lebenden Kinder war es offensichtlich ein Fortschritt, so behandelt und nicht jedes Mal verprügelt zu werden. Auch wussten die Kinder, dass es zumindest im Kindergarten Frühstück gab.

Nach den vier Wochen Besuchsverbot versuchte ich in jeder mir erlaubten Stunde, bei meinem Sohn zu sein. Ich versuchte im Haus mitzuessen und blieb am Ort, um ihn nicht zwischen seinem alten und neuen Zuhause hin- und her zu reißen. Zudem organisierte ich Besuche. Ich lud seine alten Spielkameraden ein, und wir besuchten Alexander im Mutter-Kind-Heim. Nach wenigen Wochen wurde mir das aber ohne Angabe von Gründen untersagt. Gegen die Auflagen des Fachpersonals im Heim mit ihrem kurzen Draht zum Jugendamt konnte ich wenig ausrichten. Um Normalität bemüht, versuchte ich Alexander mit seinen Freunden zum Eisessen und die Mütter zum Kaffee einzuladen. Auch das wurde mir nach ein paar Wochen verboten.

Um den unberechenbaren und teilweise sehr aggressiven Müttern das Prügeln ihrer Kinder zu erschweren, existierte eine für mich geradezu perverse Regel: Mein Sohn und alle anderen Kinder mussten sich zum „Schutz" vor ihren eigenen, wohlmöglich gewalttätigen Eltern einer körperlichen Begutachtung aussetzen. Das Ganze hieß „Anschauen lassen" und erfolgte nach jedem Besuch, an jedem Tag und für alle Kinder. Dabei wurde jedes der Kinder nackt ausgezogen. Auch Babys und Kleinkinder. Man schaute in jede Köperöffnung und machte zum Teil auch Fotos zu „Dokumentationszwecken". Dies geschah über Monate. Schließlich hatte man keine Kontrolle darüber, was die Mutter in der Nacht mit ihrem Kind anstellt, wenn die Erzieher um 19 Uhr nach Hause fahren und erst am nächsten Tag um 10 Uhr ihren Dienst wieder aufnahmen.

Wenn ich Alexander nach meinen 14-tägigen Besuchen zurückbrachte musste er sich sofort nackt ausziehen. Er wurde dann auf blaue Flecken und eventuelle Misshandlungen durch mich untersucht. Hätte man dabei nur irgendetwas gefunden, was man möglicherweise gegen mich hätte verwenden können, dann wären Fotos gemacht und diese durch Zeugen und mit Protokollen ordentlich dokumentiert worden.

Es fühlte sich an wie ein Albtraum, der nicht endete. Es verging Woche um Woche. Ich versuchte mit dem Team zu sprechen und besorgte Eve vor Ort einen Rechtsanwalt. Sie hatte mich um Hilfe in ihrem Kampf gegen die schlechte Behandlung im Mutter-Kind-Heim gebeten und mich aufgefordert, mich beim Jugendamt zu beschweren. Sie sei von einem Mann, dem Vater eines im Haus lebenden Kindes, sexuell belästigt worden. Der Vater wurde sofort entfernt und erhielt Hausverbot. Ihre Hilferufe nahmen nicht ab, und entsprechend schlecht ging es Alexander. Gemeinsam gingen wir zum Anwalt und setzten eine Stellungnahme auf. Obwohl sie ihn bereits persönlich kannte, seine Kanzlei nur fünfhundert Meter entfernt lag und sie jederzeit bei ihm hätte anrufen können, war sie dazu nicht selbst in der Lage gewesen. Ich musste immer dabei sein.

Alexander litt von Woche zu Woche mehr und legte immer beunruhigendere Verhaltensweisen an den Tag. Schon längst hatte sein Verhalten nichts mehr mit der „gesunden Trauerarbeit" zur Reifung eines Zweijährigen zu tun. Seit dem zweiten Tag im Heim nässte er Tag und Nacht und erfüllte damit offensichtlich Merkmale einer Traumatisierung. Er war nicht mehr das Kind, das ich kannte. Er veränderte sich, wurde immer ängstlicher und unselbstständiger, fast tollpatschig, als ob er sich selbst nicht mehr wahrnehmen und spüren könne. Er stolperte mit zunehmender Häufigkeit. Seine Feinmotorik war gestört und wurde grob, er begann wieder an Flaschen zu nuckeln, hatte Angst vor Menschenansammlungen und ertrug selbst Besuche in seinem Lieblings-Restaurant nicht mehr. Früher hatte ich Probleme, daran vorbeizukommen, ohne dass er „Pommes" rief und welche wollte. Jetzt hatte er Angst dort hineinzugehen. Er wollte nur noch im Auto sitzen und versteckte sich vor den Blicken der Menschen. Auch sprach er von Blut und brennenden Babys, die von Ungeheuern aufgefressen würden. „Dann macht die Mama wieder ein Ei für ein neues Baby". Immer grusligere Geschichten und Zeichnungen, welche er anschließend schwarz und rot (Feuer) übermalte. Wenn man ihn fragte, sagte er, da drin brennen Babys. Es war eine Qual für mich, ihn so zu erleben.

Ich versuchte im Umgang mit den zuständigen Institutionen noch beherrscht und höflich zu bleiben, was mir sehr schwer fiel. Zu diesem Zeitpunkt glaubte ich tatsächlich, dass in spätestens drei bis vier Monaten jeder einsehen würde, dass das Experiment gescheitert sei. Auch ohne große Kompetenz konnte doch jeder erkennen, dass Alexander aufgrund seiner Entwicklung offensichtlich traumatisiert war, und dass niemand dies verantworten oder ignorieren könne. Es war mir unvorstellbar, wie das klar erkennbare Leid dieses kleinen Jungen dermaßen umfassend ignoriert werden konnte. Ich hätte nie gedacht, dass ich keine drei Monate, sondern über zwei Jahre würde kämpfen müssen, um meinen Sohn - und selbst dies nur durch Zufall und Glück - aus dem Heim herauszuholen.

Mein Kampf begann. Ich telefonierte mit einem Kinderpsychologen und dem ersten Rechtsanwalt, einem Mediator, der friedlich mit beiden Seiten eine Lösung erarbeiten und alles „unstreitig" lösen wollte. Angesichts der Haltung des Jugendamts mir gegenüber fragte er, ob ich eine „schwarze Seite" hätte. Nein, natürlich nicht. Ich hatte ja keine Ahnung, dass ich als gefährlich und geisteskrank in den Akten geführt wurde. Der Anwalt empfahl mir, keine Kritik am Jugendamt zu üben, denn das könne schnell zu einer „Retourkutsche" führen. Das Jugendamt hätte viel Macht und es wäre angebrachter, meine Sorge um meinen Sohn in einem Hilfeplangespräch zu erklären. Er würde versuchen, mich aus dem Hintergrund heraus zu unterstützen, da er aus Erfahrung wisse, dass die Präsenz eines Anwaltes sehr schnell zu einem juristischen Stellungskrieg mit dem Amt führen könne. In der Konsequenz würde ich Alexander erst recht nicht unbürokratisch und schnell aus der Maßnahme herausbekommen.

Ich brachte also dem Jugendamt gegenüber meine Sorge um Alexander zum Ausdruck. Doch damit rüttelte ich an Grundpfeilern, an denen niemand rütteln wollte. Hätte man mein Anliegen ernst genommen, dann hätten konsequenterweise Köpfe rollen müssen. Daran war niemand interessiert. Zudem ging es auch um Geld, um sehr viel Geld, welches für die Trägerschaft des Mutter-Kind-Heimes und des Kindergartens auf dem Spiel stand. Pro Mutter mit ein bis zwei Kindern gab es zwischen drei- und viertausend Euro. Hinzu kamen siebenhundert Euro für Alexanders Integrationsplatz, der aufgrund seiner vermehrten Verhaltensauffälligkeiten notwendig wurde. Immer mehr Therapeuten wurden auf meinen Sohn angesetzt. Immer mehr wurde an ihm verdient, um ihn zu stabilisieren. Am Ende kamen noch die Kosten für eine Heilpädagogin, eine Ergotherapeutin und eine Logopädin dazu. Viel, viel Geld aus dem deutschen Sozialtopf.

Das erste Hilfeplangespräch, in das ich sehr viel Hoffnung gesetzt hatte, war schnell vorbei. Alle Beteiligten kamen, das Team vom Mutter-Kind-Heim sowie Mitarbeiter des Jugendamtes. Sie wirkten leicht genervt, weil ein Hilfeplangespräch eigentlich nicht schon nach so kurzer Zeit stattfinden sollte. Aber zu vieles lief nicht richtig, das gestand sogar das Jugendamt ein. Auch Eve teilte dem Jugendamt mit, dass sie aus dem Heim rauswolle, dass sie nicht mehr könne und dass es Alexander nicht gut gehe. Ich schöpfte ein wenig Hoffnung. Im Gespräch selbst machte man der Mutter schließlich Zugeständnisse. Sie willigte ein, ihren Aufenthalt um drei weitere Monate zu verlängern, nachdem man ihr versichert hatte, sie könne jederzeit von sich aus abbrechen. Bald würden sich Fortschritte einstellen, so der scheinheilige Optimismus des Heimpersonals. Auch habe die Mutter von Alexander schon viel gelernt. Sie könne inzwischen putzen und kochen, usw. Geschmeichelt von dem Lob bestätigte Eve dann auch noch, dass sie ebenfalls der Meinung sei, etwas gelernt zu haben, und wenn es nur war, sich in dieser Wohngemeinschaft zurechtzufinden und sich durchzukämpfen.

In den folgenden zweieinhalb grausamen Jahren, in denen mein Sohn im Heim leben musste, habe ich mit ansehen müssen, dass keiner der behördlichen Verantwortlichen seinen Irrtum und Fehler zugeben konnte. Mit viel Fantasie wurden die immer stärker auftretenden Verhaltensauffälligkeiten von Alexander erklärt. Da ich der Maßnahme von Anfang an zu kritisch gegenübergestanden hätte und mein Sohn dies spüren würde, wäre ich eigentlich auch für die Entwicklung und den Zustand des Kindes verantwortlich. Es gab keine Phase in dieser Zeit, in der ich nicht für so ziemlich alle Umstände, die sich negativ entwickelten verantwortlich gemacht wurde.

Anfangs hatte Alexander noch nach jedem Umgang, der mir erlaubt wurde, gefragt: „Papa, wann ist der Urlaub vorbei, ich will wieder nach Hause." Er bettelte: „Ich mag nicht mehr, ich will wieder zu dir." Irgendwann aber verstummte sogar sein Flehen und Betteln. Ich war ohnmächtig in meiner Hilflosigkeit. Ich begann an meinem Verstand und meiner Beobachtungsgabe zu zweifeln, an meiner Fähigkeit, mich richtig auszudrücken. Ich hatte unglaubliche Angst, unhöflich zu wirken und dabei Gefahr zu laufen, mir noch mehr Feinde im Amt einzuhandeln. Ich versuchte es freundlich. Ich war vorsichtig. Ich wollte nichts falsch machen, merkte aber, dass nichts von alledem half. Dann wurde ich wütend und schrieb lange Briefe. Auch das half nichts. Irgendwann bekam ich schließlich Hausverbot im Mutter-Kind-Heim, was kurze Zeit darauf wieder zurückgezogen wurde, da kein Grund angegeben werden konnte. Im Heim arbeitete man verstärkt daran, zwischen Eve und mir keine Kommunikation mehr zuzulassen. Dafür schien jedes Mittel recht. Die Informationen über Eve, die ich aus Sorge um Alexander den Betreuern übermittelte, wurden umgehend seiner Mutter hinterbracht. Dabei suggerierte man ihr, ich wolle erreichen, dass sie nie wieder aus dem Heim herauskomme. Es existierten Verträge mit den Müttern bezüglich absoluter Geheimhaltung über heiminterne Vorgänge. Bei Zuwiderhandlungen mussten die Frauen mit „Strafdiensten" rechnen. Es wurde sogar damit gedroht, dass das Team des Heimes als Folge einstimmig eine „Erziehungsunfähigkeit" der betreffenden Mutter feststellen würde. Die Angst der Mütter, ihr Kind zu verlieren war Grund genug, den Mund zu halten.

Im Kampf um Alexander ging es längst nicht mehr gegen die Mutter. Deren Stelle nahm mittlerweile die Behörde ein, die mich nach über zwei Jahren noch immer mit Pauschalerklärungen, Urlaubsvertretungen oder unklaren Zuständigkeiten vertröstete. Vor Gericht sprachen sie über Fortschritte bei meinem Sohn, die ich aber nicht sehen wolle. Eves sehr intelligente Rhetorik überzeugte das Amt immer wieder, dass sie es doch noch schaffen könne. Sie versuche doch alles, um eine gute Mutter zu sein und sie liebe doch ihren Sohn. Diese Rolle spielte sie perfekt.

Letztlich waren es nur Glück und Zufall, die dazu führten, dass Alexander plötzlich bei mir bleiben durfte. Es war Ostern 2009, als ich von Eve gefragt wurde, ob ich Alexander auch länger in den Ferien bei mir behalten könne. Sie werde Urlaub machen, und wisse nicht, wann Sie wieder zurückkommen werde. Es könne länger dauern. Also überließ sie mir das Kind und ging, wie ich später erfuhr, in die Psychiatrie. Es war ein Freitag, an dem die zuständige Gutachterin dem Jugendamt mitteilte, dass sie zu dem Ergebnis gekommen sei, Alexanders Lebensmittelpunkt solle in Zukunft besser beim Vater liegen. Er müsse also nicht mehr zurück ins Heim. Zufällig war an diesem Tag die zuständige Sachbearbeiterin des Jugendamts, die mir feindselig und misstrauisch gegenüberstand, im Urlaub. Das war unser Glück.

Dann ging alles schnell. Ich bat sofort einen Kindergarten, Alexander in der gleichen Gruppe, in der auch ein paar seiner Freunde waren, für einen Schnuppertermin aufzunehmen. Er spielte mit diesen vollkommen friedlich. Nichts deutete auf das verhaltensgestörte Kind hin, welches vom Mutter-Kind-Heim als aggressiv und „wie ein wildes Tier" beschrieben wurde. Es war reines Glück, dass Alexander sich so schnell gut eingelebt hatte. Die positive Rückmeldung des Kindergartens machte es dem Jugendamt unmöglich, ihn wieder zurück ins Heim zu schicken. Beim nachfolgenden Gerichtstermin äußerte sich die Gutachterin, dass sie Alexander im Lebensbereich des Vaters und des neuen Kindergartens gar nicht wiedererkannt hätte. Er wäre völlig normal und unauffällig gewesen. Also solle man dem Vater doch eine Chance geben. Obwohl das Jugendamt klagte, dass man den armen Buben doch nach so einer intensiven Zeit bei der Mutter von dieser nicht wegreißen dürfe, entschied das Gericht, dass Alexander bei mir bleiben könne. Damit die Mutter sich nicht benachteiligt sehe, wurde ihr ebenfalls Sorgerecht und regelmäßiger unbegleiteter Umgang zugesprochen. Schließlich wolle man, so die Argumentation, den Zustand der Mutter nicht verschlechtern.

In Folge dieser Entscheidung darf Alexander nun also wieder bei mir leben. Durch die gerichtliche Fürsorge gegenüber der Mutter, die es schafft, statt des Kindes immer wieder im Mittelpunkt zu stehen, müssen mein Sohn und ich uns nun in regelmäßigen Abständen Situationen aussetzen, die den Kleinen regelmäßig retraumatisieren und mich in atemloser Anspannung halten. So geschah es, dass Eve Alexander für die ihr zustehende Umgangszeit holen wollte. Sie bat mich, mit ihr Lebensmittel zu kaufen, weil sie es finanziell sonst nicht schaffen könne, für Alexander Essen zu kochen. Es war ein wunderschöner Nachmittag, es gab keinen Streit, alles war entspannt. Anschließend bat sie mich noch, sie zu fahren, damit sie die Sachen nicht tragen müsse. Auf der Fahrt fragte Alexander, ob er doch wieder mit mir heimfahren könne, er wolle nicht mehr bei der Mama bleiben. Ich bekam sofort wieder dieses alte Herzklopfen und das Gefühl, dass dieser Nachmittag wieder in einer Katastrophe für Alexander enden würde. Ich versuchte die Situation zu retten und sagte ihm, dass ich keine Zeit hätte, da ich ja arbeiten müsse. Er wiederholte aber immer wieder, er wolle mit mir mitfahren. Dabei drehte er sich immer wieder ängstlich zu seiner Mutter um. Erst da erkannte ich, dass es anscheinend mehr war, als die Laune eines kleinen Kindes. Ich sagte ihm, dass ich dass nicht entscheiden könne. Die Mama hätte sich ja so auf ihn gefreut und möchte gerne noch ein paar Tage länger mit ihm sein. Aber er war nicht davon abzubringen, bei mir bleiben zu wollen.

Kurz bevor wir ankamen, sagte Eve ganz ruhig, „wenn Alexander zu seinem Vater will, dann darf er das auch, ich kann ihn ja nicht fesseln, damit er bei mir bleibt. Das ist schon in Ordnung für mich." Ich war grenzenlos erleichtert. Ich hätte nie gedacht, dass sie damit so locker umgehen könne, mir fiel ein Stein vom Herzen. Als wir aber ein paar Minuten später vor ihrer Tür ankamen, hatte sie einen völlig kalten, versteinerten Gesichtsausdruck. Wie tot, keine Regung. Im hasserfüllten Befehlston sagte sie zu Alexander, er solle sofort alles ausziehen, was ihr gehöre, und auch alle Spielsachen, die er noch vom Papa in ihrer Wohnung habe, mitnehmen. Sie wolle nichts mehr von ihm bei sich haben. Ob sie überhaupt noch jemals wieder Zeit für ihn haben oder ihn besuchen werde, wisse sie jetzt noch nicht.

Alexander war von dem Tonfall wie ferngesteuert. Er zog sogar seine Schuhe aus und versuchte, der Mutter hinterherzulaufen. Er begann zu weinen und versuchte, sich an die Beine seiner Mama zu klammern. Er schluchzte, dass er sie doch ganz doll lieb habe und nicht wolle, dass sie mit ihm böse sei. Er war schockiert und versuchte immer wieder, seiner Mutter in die Augen zu schauen und ihren Blick zu lesen. Er wollte verstehen was da passierte, aber er verstand überhaupt nichts mehr. Sie schüttelte ihn nur ab und befahl ihm völlig emotionslos, dass er sich hinsetzen und auf sie warten solle. Er war so paralysiert vor Angst, dass er sich direkt auf den nassen, kalten Boden des Bürgersteigs setzen wollte. Erst als ich ihm mehrfach sagte, er könne im Auto warten, setzte er sich barfuß und halb nackt ins Auto. Plötzlich kam sie wieder und sagte, dass sie es nicht akzeptieren würde, wenn er wieder zum Papa fahren würde. Er solle hoch zu ihr. Alexander folgte ihr von Schluchzern geschüttelt wie ein Hund.

Wie sollte ich jetzt also reagieren? Ich hatte nur allzu oft ähnliche Situationen erlebt. Ich konnte ihr doch in diesem Zustand nicht das Kind überlassen. Der Kleine hatte nicht die geringste Chance, zur Ruhe zu kommen. Wie sollte er je sein Erleben verarbeiten können, wenn er immer wieder derartigen gestörten Situationen ausgesetzt war. Mein gesunder Menschenverstand sagte mir eigentlich ganz klar, dass ich das Kind dem nicht aussetzen dürfe. Aber aus Erfahrung wusste ich, dass mir daraus ein Strick gedreht werden konnte. Ich hatte die Auflage, alle Situationen zu vermeiden, welche die Mutter aufregen könnten. Nur zu oft hatte mir diese in ähnlichen Momenten vorgeworfen, dass ich den Jungen manipuliert hätte und ihn gegen sie aufhetzen würde. Einmal hatte sie sogar die Polizei geholt, die dann dafür sorgte, dass das schreiende Kind bei ihr blieb.

Ich blieb also im Hausgang und telefonierte mit meinem Anwalt, weil ich einfach nicht wusste, wie ich mich verhalten sollte, um nicht wieder das Jugendamt gegen mich zu haben. Eve erfand permanent die grauslichsten Geschichten, und ich hätte ohne Zeugen keine Einzige davon widerlegen können. Ich wollte erst mal nur vor Ort bleiben, um im Notfall eingreifen zu können.

Nach 30 Minuten kam Eve dann völlig entspannt und friedlich mit Alexander wieder herunter. Sie freute sich sogar, dass ich noch da war. Ich sollte sehen, dass sich beide wieder vertrugen. Sie habe Alexander erklärt, was sie so verletzt hatte, und er habe sie vollkommen verstanden. Jetzt sei alles wieder gut. Er wolle bei ihr bleiben, und wenn ich jetzt mit Fußball spielen kommen würde, würde sich Alexander sicher freuen.

Seit Juni 2009 lebt Eve nun in einer Obdachlosen-Wohngemeinschaft für Frauen, da sie nicht in der Lage ist, ihr Leben eigenverantwortlich zu führen. Dort leben von Alkohol und Drogen stark gezeichnete Frauen.

Alexander hat seinen Lebensmittelpunkt inzwischen bei mir, und das ermöglicht mir, ihn immer wieder aufzufangen und ihm auch die Hilfe zu geben, die er braucht.

Dass eine Behörde, die das Wächteramt für das Wohl der Kinder in Deutschland innehat, nicht den Mut besaß, einen Fehler einzugestehen hätte ich nie für möglich gehalten. Ich hatte jedes Gefühl für Rechtssicherheit während meines Kampfes mit dem Jugendamt verloren. Selbst als das psychologische Gutachten vorlag, dass ich weder unter einer psychischen Störung noch einer Krankheit leide und ich sogar voll erziehungsfähig sei, änderte sich an der Argumentation des Jugendamts nichts. Nun versuchte das Jugendamt plötzlich, selbst als „Gutachter" aufzutreten. Zuvor hatte es mich über zwölf Monate mit dem Hinweis vertröstet, dass jetzt ein Gutachten in Auftrag gegeben werde, welches dann über den Verbleib meines Sohnes entscheiden würde. An diesem werde man sich orientieren, mehr erfuhr ich nicht. Termine wurden mir - wenn überhaupt noch - mit einer Wartezeit von zwei Monaten eingeräumt. Mein Rechtsanwalt, sehr erfahren und mittlerweile im Ruhestand, sagte mir, einen vergleichbaren Fall habe er während seiner gesamten Laufbahn nicht erlebt. Auch ein Richter, der ohne eigene Meinungsbildung seine Verantwortung dem Jugendamt übergibt und dessen Angaben und Empfehlungen zustimmt, ohne diese zu hinterfragen, sei ihm sehr selten untergekommen.

Bis zuletzt versuchte das Jugendamt mir meinen Sohn wieder wegzunehmen, auch jetzt muss ich immer noch unter der Angst leiden, dass an allen Verhaltensauffälligkeiten und Problemen, die Alexander zeigt, mir die Schuld untergeschoben wird. Als das Gutachten bezüglich meiner Erziehungsfähigkeit endlich vorlag und ich gegen die allgegenwärtige Verurteilung meiner Person vorgehen konnte, entschied das Amt, das gerade vierzehn Tage alte Gutachten als nicht mehr gültig und für eine Entscheidung unzulässig anzusehen. Das Amt war noch immer nicht in der Lage zuzugeben, dass seine Maßnahme das Leben und die Gesundheit meines Kindes gefährdet hatte.

Die „Hilfe" für meinen Sohn wurde durch mehrere Psychiater und Psychologen als Missbrauch bezeichnet. Die traumatischen Konsequenzen für mein Kind hat das Jugendamt zu verantworten. Ich habe Alexander nach über zweieinhalb Jahren verhaltensgestört und kaputt wieder zurückbekommen. Die Argumentation des Amtes dazu war, dass man sich selbst durch ein Telefonat mit der Mutter ein Bild über deren Zustand gemacht hätte. Dabei habe man die Mutter als stabil wahrgenommen. Die Mutter hätte sehr viel gelernt und Fortschritte gemacht.

Sachbearbeiter eines Jugendamtes entscheiden also per Telefonat mit einer Borderline diagnostizierten Mutter darüber, dass selbige „stabil" sei und einem Kleinstkind keinen Schaden zufügen könne. Mein Entsetzen über das, was ich erlebt habe, kann nur noch übertroffen werden von dem, was mein Junge durchmachen musste.

Ich habe nie aufgehört zu glauben, dass ich es irgendwie schaffen werde, meinen Sohn aus diesem Wahnsinn zu befreien. Ich hatte Glück, ich hatte Freunde und eine neue Partnerin, die sich sehr geduldig immer wieder meine Verzweiflung und Ohnmacht anhörte. Auch sie war manchmal erschöpft, von den endlosen Gesprächen, den neuen Vorstößen und Versuchen, die letztendlich nur Ohnmacht und Hilfelosigkeit in uns hinterließen. Bin ich schuldig, nur weil ich mit einer Borderlinerin ein Kind habe?

Alexander ist jetzt seit zehn Monaten wieder bei mir, in der Nacht muss immer noch das Licht brennen, sonst hat er Angst. Mittlerweile schläft er wieder durch, er hat in der ganzen Zeit nur einmal eingenässt. Die Narben sitzen tief, aber ich hoffe, sie verheilen mit der Zeit. Jedes Lachen, jeder Tag, an dem Alexander sich über die kleinen Dinge freut, entschädigen mich. Emotional und sozial ist er stehen geblieben. Er wird sehr viel Zeit und Unterstützung benötigen, um die Erlebnisse der letzten zweieinhalb Jahre zu verarbeiten.

Allen, die in einer ähnlichen Situation stecken, kann ich nur den Mut zusprechen, nichts unversucht zu lassen und nicht aufzugeben!

Ich musste erkennen, dass ich mich selbst in meiner Beziehung zu Eve völlig vergessen hatte. Ich sah es als Herausforderung, der erfolgreiche Retter

einer Borderlinerin zu sein, einer der nicht aufgibt, der durchhält und der sie nicht fallen lässt, so wie alle anderen zuvor. Ich war emotional vollkommen abhängig, ein Zustand, der durch die Geburt Alexanders noch verschlimmert wurde. Ich tat letztlich alles, um Eve nicht aus der Fassung zu bringen, sie nicht zu provozieren, nur um für ein paar Stunden etwas Frieden für Alexander und mich zu haben. Ich war tatsächlich co-abhängig. Das gesunde Maß jeglicher Hilfe hatte ich schon lange überschritten. Mit alledem war und ist immer noch ein unglaublicher finanzieller und emotionaler Aufwand verbunden.
Aber Alexander ist mir das alles wert und wird es immer sein!

Resümee

Beim Lesen dieser Geschichte mag der Eindruck entstanden sein, dass es sich hier um einen bizarren Einzelfall handelt. Leider ist das nicht der Fall. Immer wieder begegne ich verzweifelten Müttern oder Vätern, die im Kontakt mit Jugendämtern, Anwälten, Familiengerichten, Verfahrenspflegern oder sogar Gutachtern eher Ohnmacht und Fassungslosigkeit erleben, als Unterstützung erfahren. Und im Gegensatz zu einigen Aussagen aus den Interviews sind Helfer oder amtliche Personen aus dem Fürsorge- oder Rechtsbereich eben nicht mit dem vertraut, was Borderline ausmacht.
Sicher war die Einschätzung der Familienhelfer in Bezug auf die Co-Abhängigkeit des Vaters korrekt. Aber ebenso klar ist erkennbar, dass er in der mehr als berechtigten Sorge um sein Kind gelernt hat, seinen eigenen Werten zu entsprechen und Konflikte nicht zu vermeiden, sondern sich ihnen zu stellen.
Was ich in diesem Fall als leider sehr markant wahrnehmen muss, ist eher die umfassende Co-Abhängigkeit fast aller involvierten Amtspersonen. Dabei positionierten sich nicht nur die Familienhelfer, die dem Vater Co-Abhängigkeit direkt vorwarfen, sondern auch Mitarbeiter des Jugendamtes und des Mutter-Kind-Heims. Der Vater wurde dabei nicht nur für die familiäre Situation, sondern auch für die Instabilität der Kindsmutter verantwortlich gemacht. Infolgedessen wurde von ihm auch verlangt, dass er nun nichts mehr tun dürfe, was die Mutter aufregen könne, um so deren „Stabilität" nicht zu gefährden oder in ihr eine Krise auszulösen. Dessen Verzweiflung war nahezu grenzenlos, als er sich nicht nur einer Person gegenübersah, die ihm allumfassende Verantwortung zuschob, sondern einem ganzen Komplex an „Helfern", die ihm in vertrauter Art mit Ignoranz, Projektionen und Double-Binds begegneten. Angesicht einer diagnostizierten Borderline-Störung bei der Kindsmutter vom Vater zu fordern „sei für dein

Kind da, aber rege die Mutter nicht auf", entspricht eher dem, was man als schizophrene Botschaft bezeichnet. Der Empfänger hat dabei nicht die geringste Chance, etwas richtig zu machen. Er bleibt also „mangelhaft" und verantwortlich für das Dilemma, das ihm übergestülpt wird, sodass sich der Sender des Double-Binds auch nicht weiter mit den eigenen Defiziten auseinandersetzen muss. Bei einer Borderline-Persönlichkeit ist dies aufgrund der störungsrelevanten Persönlichkeitsanteile nachvollziehbar. Für professionell ausgebildete Helfer aber nicht nur ein Armutszeugnis, sondern meines Erachtens nach ein Verhalten, welches angesichts der traumatisierenden und weitreichenden Schäden, die das Kind erleiden musste, strafrechtliche Folgen haben sollte.

Im Mittelpunkt des Interesses stand offensichtlich die Mutter und die damit verbundenen Interessen der involvierten Personen, Ämter und Träger. Deutliche Notsignale des Kindes wurden über Monate und Jahre ignoriert und in Fortschritte umdeklariert, um sowohl fehlerhafte Einschätzungen zu vertuschen als auch wirtschaftliche Interessen zu vertreten. Die deutlich erkennbare allumfassende Lähmung, angesichts der emotional-instabilen Persönlichkeitsstörung Borderline, macht mich besonders betroffen. Es kann niemanden zum Vorwurf gemacht werden, wenn zu einer derart komplexen Störung und den daraus resultierenden Eigenheiten das Hintergrundwissen fehlt. Dass sich aber sowohl Helfer, als auch Anwälte, Richter und Gutachter, das entsprechende Wissen nicht aneignen, sehe ich als extrem bedenklich an. Es ist unmöglich, die Situation eines Kindes tatsächlich einzuschätzen und dessem Wohl zu entsprechen, wenn involvierte Helfer ihrer Unsicherheit und Unwissenheit mit Verantwortungsabgabe begegnen, statt sich mit entsprechender Kompetenz auszustatten.

Letztendlich war es nur Glück und das stetige Engagement des Vaters, das dem Kind wieder ein vertrautes und stabiles Umfeld ermöglichte. Nach wie vor ist es immer wieder ungeschützt dem Kontakt mit seiner instabilen Mutter und deren Umfeld ausgesetzt. Noch immer positionieren sich beteiligte Ämter gegen den Vater und für die Mutter. So weit ich die Aufgabe des Kinderschutzes verstanden habe, ist hier dem Kind die Priorität zuzugestehen. In diesem Fall ist das für mich aber kaum erkennbar.

Mein eindringlicher Aufruf an alle Helfer, Mitarbeiter von Ämtern und des Justizapparates: Setzen Sie sich mit dem Thema auseinander und lernen Sie, die Prozesse zu verstehen, in die Außenstehende manipulativ einbezogen werden können. Borderline ist ein Thema, das Chaos, Verwirrung und Ohnmacht erzeugen kann. Davon können alle betroffen sein, die sich in entsprechenden Interaktionen befinden. Ohne ausreichendes Verstehen der Thematik kann jeder involvierte Helfer Gefahr laufen, sich an einem groß inszenierten Kindesmissbrauch zu beteiligen. Sollten Sie Fehlentscheidun-

gen getroffen haben, zeigen Sie den Mut diese zu korrigieren. Letztendlich ist es ein Kind, welches einen hohen Preis dafür bezahlen muss.
Meine Hochachtung gebührt dem Vater, der gegen alle Widerstände nicht bereit war, sein Kind aufzugeben!

4. Mein Kind verstehen – Fragen und Antworten

Typische Verhaltensweisen von Borderline-Kindern

Kinder von Borderline-Eltern weisen mitunter massive Entwicklungsrückstände auf. Da sie die Erfahrung gemacht haben, in ihrem Sein (Wahrnehmen, Fühlen, Denken, Verhalten) immer wieder als falsch und ungenügend reflektiert zu werden, vermeiden sie oft jegliche Aktivität. Der natürliche Drang, die Welt neugierig zu entdecken, wird so genauso im Keim erstickt, wie das daraus resultierende lebensnotwendige Sammeln von Erfahrungen.
Insbesondere Borderline-Mütter neigen zudem dazu, ihr Kind aktiv in seiner Entwicklung zu hemmen, wodurch dessen Abhängigkeit erhalten bleibt. Dies ermöglicht der Mutter, sich langfristig mit ihrer (starken, überlegenen) Rolle, identifizieren zu können. Zu derartigen Entwicklungsrückständen gehören u. a. die unterentwickelten motorischen Fähigkeiten (krabbeln, sitzen, stehen, laufen, greifen) und auch die fehlende Sauberkeit und die altersuntypische Fähigkeit zu sprechen (Babylaute werden erhalten). Derartige Kinder schlafen auch im Kleinstkindalter selten bis nie durch, da sie beständig unter emotionalem Stress stehen und nur schwer Ruhe finden. Oft werden sie auch nach dem Bedürfnis der Mutter versorgt, sodass sie ihre eigene Bedürftigkeit nicht als maßgeblich für ihre Existenzerhaltung wahrzunehmen lernen. Die daraus resultierende Desorientierung und die Störung der natürlichen, kindlichen Bedürfnisrhythmen (trinken, schlafen), erzeugen im Kind massiven Stress. Diese Kinder wirken oft gereizt, nervös, unzufrieden, quengelnd, drängend und somit aufmerksamkeitserzwingend. Damit reagiert das Kind ausschließlich auf seine Defizite an mangelnder Wahrnehmung und Zuwendung. In der Konsequenz führt dies dann zur Forderung und somit auch zur Überforderung der Borderline-Mutter, die kaum in der Lage ist, ihre Frustrationen zu verarbeiten. Zumeist versucht sie, ihre Überlastung mit den ihr zur Verfügung stehenden Möglichkeiten zu regulieren, indem sie sich noch mehr auf die eigene Bedürftigkeit konzentriert und somit noch weniger in der Lage ist, sich auf ihr Kind einzulassen. Gleichzeitig greift auch hier wie in jeder verschmelzenden Beziehung von Borderline-Persönlichkeiten der Prozess der Abspaltung, bei dem die Verantwortung für das eigene Erleben der Bezugsperson (in diesem Fall dem Kind) zugeschoben wird. „Du bist, mit deinem Quengeln, Greinen, Schreien (kindliche Signale der Bedürftigkeit) einfordernd, verschlingend, rücksichtslos, anmaßend und schuld daran, dass es mir schlecht geht." Die daraus resultierende Abwehr (Bestrafung des Kindes, Zuwendungsentzug, Distanz) wird so als angemessen empfunden. Ein unheilvoller, sich potenzierender Kreislauf entsteht.

Entwicklungsrückstände sind in der Regel leicht für Gutachter erkennbar. Hier gibt es klare, messbare Vorgaben, an denen eine Orientierung möglich ist, was altersentsprechend entwickelt ist und was nicht. Ungleich schwieriger gestaltet es sich, die Not eines Kindes zu erkennen, welches dem gleichem schwerwiegendem Missbrauch ausgesetzt ist, aber darauf mit ebenfalls typischen Überlebensmechanismen reagiert, die sogar als positiv gewertet werden.

In der Regel ergeben sich derartige „positive" und „weit entwickelte" Hinweise aus einer bereits längerfristigen Verantwortungsübertragung an das Kind (Rollentausch – das Kind ist zuständig für die Bedürftigkeit seiner erwachsenen Bezugsperson) und hat bereits eine Vielzahl an Erfahrungen, wie es funktionieren muss, um nicht zurückgewiesen zu werden. Derartige Kinder sind oder scheinen oft weiterentwickelt, als gleichaltrige Kinder.

Typische, scheinbar positive Entwicklungsmerkmale
- Sie artikulieren sich gewählt und nutzen sprachliche Muster der Erwachsenensprache.
- Oft wirken sie altklug.
- Sie zeigen keinerlei Frustrationen oder sind bemüht, ihre Emotionalität zu verbergen, wenn diese nicht das Gefallen der Bezugsperson finden könnte.
- Sie sind sehr aufmerksam, was ihre Kontaktperson angeht, höflich, zuvorkommend und anpassungsbereit.
- Sie zeigen sich als sehr fürsorglich und hilfsbereit und sind, schnell und ohne die Situation tatsächlich zu hinterfragen bereit, die Verantwortung dafür zu übernehmen. Sie entschuldigen sich vorschnell und bemühen sich um Wiedergutmachung.
- Sie zeigen ausgezeichnete Leistungen bei allem was sie tun und wirken extrem ehrgeizig.

Generell ist es nicht als negativ zu bewerten, wenn Kinder sich höflich, rücksichtsvoll und zugewandt verhalten. Es macht aber einen immensen Unterschied, ob ein Kind seine Verhaltensweisen aus eigener Entscheidung und dem Bedürfnis nach Zugehörigkeit heraus entwickelt, oder diese aus einem verzweifelten Überlebenskampf heraus entstehen.

Aus dem Bewusstsein heraus, funktionieren zu müssen, und dies oft im völligen Gegensatz zu der eigenen Bedürftigkeit, kann sich weder Authentizität noch Selbstwahrnehmung oder Orientierung ergeben. Das Kind empfindet sich selbst als verzerrt und somit falsch. Es entwickelt Angst vor seiner Wahrnehmung und seiner Emotionalität und ist so kaum in der Lage, zielorientiert und sicher zu handeln. Das daraus resultierende Vermeiden von Handlungen

(„Ich mache besser nichts, oder alles ganz langsam, weil sowieso alles falsch ist") bzw. die offensichtliche Unsicherheit oder Tollpatschigkeit, führt dann wiederum zur Frustration der Bezugsperson und zum entsprechenden Ausagieren (Herabsetzen, Bestrafen). Ein Kreislauf, der an Destruktivität für ein Kind nicht zu übertreffen ist.
In der Konsequenz kann das Kind ...
- ... sich aufgeben. Es entwickelt Lethargie und Depressivität, es verweigert die Nahrung und entwickelt selbstschädigende, selbstverletzende oder suizidale Tendenzen.
- ... versuchen, durch Anpassung zu überleben. Es tut alles, was man von ihm verlangt, übernimmt für alles die Verantwortung und versucht allen gerecht zu werden (nur nicht sich selbst, da es dies als bedrohlich wahrnimmt).
- ... seine aus der inneren Zerrissenheit und Überforderung resultierenden Aggressivität offensiv ausagieren. Dabei richtet sich die Aggressivität in der Regel gegen Schwächere.

Kinder mit diesem Erlebenshintergrund registrieren oft täglich zahlreiche Misshandlungen und integrieren diese als „normal" und „angemessen" in ihr Weltbild. Die sich dabei immer stärker manifestierende innere Zerrissenheit und Desorientierung, ihre andauernde Angst vor erneuten Übergriffen kann für andere sowohl durch Hyperaktivität, als auch durch Lethargie sichtbar werden. Ihr extremer Schwarz-Weiß-Hintergrund bildet die perfekte Basis für ebensolche Bewältigungsstrategien. So können sich mitunter Verhaltensweisen ergeben, die für Außenstehende unangemessen und kaum nachvollziehbar erscheinen. Insofern möchte ich im Folgenden auf einige der Fragen eingehen, die mir von Elternteilen gestellt wurden, die sich aus einer Borderline-Beziehung gelöst haben und im Kontakt mit ihrem Kind Auffälligkeiten wahrnehmen, die sie hinterfragen und verstehen möchten.
Nichts ist wichtiger und wertvoller für ein solches Kind, als von seinem Nicht-Borderline-Elternteil wirklich gesehen, verstanden und reflektiert zu werden. Wo es die Chance bekommt, frei von Abwertungen und Projektionen sich selbst erkennen und verstehen zu lernen und mit dem, was es ausmacht, angenommen und geliebt zu werden!

Frage: Mein Sohn ist sechs Jahre alt. Er lebt bei seiner Mutter, die Borderline diagnostiziert ist. Relativ unregelmäßig verbringt er die Wochenenden bei mir, an denen wir auch oft und gern ins Schwimmbad gehen. Dort ist er auch oft mit seiner Mutter. Obwohl ich bisher den Eindruck hatte, dass er Freude am Schwimmen hat, musste ich in letzter Zeit beobachten, dass er immer häufiger Kinder, Jugendliche oder auch Erwachsene, die gut und sicher ihre

Bahnen ziehen, bewusst stört. Meist springt er vor ihnen ins Wasser oder kreuzt betont ihre Bahnen. Viele Besucher reagieren zu Recht verärgert, was mir sehr peinlich ist. Ich habe schon mit ihm geschimpft und gedroht, dass wir dann nicht mehr schwimmen gehen können, aber ohne Erfolg. Warum macht er das und wie kann ich derartiges Verhalten unterbinden (Frank, 42, getrennt lebender Vater)?

Antwort: *Kinder lernen im alltäglichen Kontakt zu einem Borderline-Elternteil schnell, sich mit ihren Verhaltensweisen so auf diese einzustellen, dass sie die für sie überlebenswichtige Aufmerksamkeit erhalten. Oft gelingt ihnen das auf Ebenen, die für die betroffene Mutter oder den Vater ebenfalls von Interesse sind. Alles was letztendlich die Verschmelzung betont („Ich fühle wie du, ich bin wie du, ich habe die gleichen Interessen"), ist so lange für das Kind vorteilhaft, wie es der oder dem Betroffenen eine Identifikation mit dem Kind ermöglicht. Kinder sind wahre Überlebenskünstler und wissen intuitiv, die Möglichkeiten zu nutzen, die ihr Überleben absichern. Dazu gehört auch die Fähigkeit, Bezugspersonen so zu motivieren, dass diese sich fürsorglich zuwenden. Wenn Ihr Sohn durch seine Mutter gelernt hat, dass er mit guten Schwimmleistungen ihre Aufmerksamkeit und Zuwendung erhält, wird er auch immer wieder versuchen, mit seinen Leistungen auf sich aufmerksam zu machen. Problematisch dabei ist die Identifikation der Mutter mit dem Kind, wenn diese von ihrer eigenen Leistungsfähigkeit ausgeht und das Kind demzufolge als mangelhaft wahrnimmt und auch ebenso reflektiert. Abhängig von ihrem augenblicklichen emotionalen Zustand wird sie dazu neigen, das Kind in seinen Leistungen ab- oder aufzuwerten. Dabei geht es nicht um die tatsächlichen Leistungen des Kindes, sondern um die reine Projektion emotionaler Zustände der Mutter auf das Kind. Wann immer die Mutter sich als mangelhaft und unzureichend wahrnimmt, wird sie dies ebenso auf das Kind projizieren, wie sie auch positive Aspekte ihres Erlebens durch Idealisierungen auf das Kind projiziert („Sei wie ich"). Aber auch hier existieren Gegensätze. Wenn die Mutter sich in einem instabilen, selbstabwertenden Zustand befindet, kann sie die Erwartung an das Kind haben, dass dieses etwas tut, was ihren instabilen Zustand beendet. Z. B. durch besondere Leistungen, die es der Mutter ermöglichen, sich über die Wahrnehmung des Kindes auch selbst wieder besser zu bewerten. Dies ist nur ein Aspekt, der die massive, der Borderline-Störung innewohnende Widersprüchlichkeit betont. „Sei wie ich, damit ich durch deine Reflektion (die meiner Wahrnehmung entspricht) Sicherheit erhalte, und sei nicht wie ich, wenn ich mich unsicher fühle und Sicherheit brauche, die du mir geben musst." Es ist keiner Bezugs- oder Kontaktperson möglich, diese innere Zerrissenheit auszugleichen. Ein Kind, das sich als abhängig erlebt und nicht in der Lage ist, die Widersprüchlichkeit mit der es konfrontiert wird, wahrzunehmen, wird einfach nur funktionieren* wollen - und zwar so optimal wie möglich. Es wird jede Kritik an seiner Leistung tatsächlich auf sich beziehen und mit der Zeit eine Abhängigkeit von der Bewertung seiner Mutter entwickeln. „Wenn ich gut bin, geht es ihr auch gut, dann bin ich sicher. Wenn ich nicht gut bin, geht es ihr auch nicht gut - und ich bin in Gefahr." Selbst diese Orientierungsmöglichkeit kann versagen, wenn die Mutter ihr Kind als „besser" als sich selbst wahrnimmt und versucht, diese „Überlegenheit" durch Abwertung wieder auszubalancieren. Wenn Sie diesen Hintergrund wahrnehmen können, wird es Ihnen auch möglich sein, zu verstehen, warum ihr Sohn die anderen Schwimmer stört. Wenn er diese in ihren Leistungen als besser als sich selbst wahrnimmt, werden sie für ihn bedrohlich. Er misst sich an ihnen und vergleicht sich. Wann immer er sich dabei als unzureichend wahrnimmt, ist diese Wahrnehmung für ihn unmittelbar mit drohender Zurückweisung und Abwertung verbunden. Er hat einen immensen Anspruch an sich, mit dem er versucht, seiner Mutter gerecht zu werden. Da er ja hauptsächlich bei dieser lebt, wird er diesen Anspruch auch auf Sie übertragen und generell davon ausgehen, dass er auch Ihre Liebe nur durch besondere Leistungen erhält. Insofern ist sein Verhalten rein selbstschutzorientiert. Leider aber ebenso konfliktschaffend und destruktiv, wie es auch die meisten Borderline-Verhaltensweisen sind, die ja ebenfalls einen selbstschützenden Hintergrund aufweisen.

Sie werden Ihrem Sohn nicht helfen, wenn Sie sein offensichtliches Verhalten bewerten und kritisieren. Zeigen Sie ihm, wie es Ihnen und den anderen mit seinem Verhalten geht und welche Konsequenzen es haben kann. Bewerten Sie seine Leistungen nicht, aber zeigen Sie ruhig Ihre Freude und sprechen Sie diese auch aus, wenn er sich z. B. rücksichtsvoll verhält, oder sicher schwimmt. Sagen Sie ihm auch, warum Sie sich freuen. Wie wichtig es Ihnen ist, dass er gut schwimmen kann, weil Sie dann bei Besuchen des Schwimmbads, beim Bootfahren oder an Sommertagen am See keine Angst haben müssen, dass ihm etwas zustoßen könnte. Bleiben Sie gleichbleibend aufmerksam und entziehen Sie Ihre Zuneigung nicht, wenn er „nicht" funktioniert. Zeigen Sie ihm, dass es nicht nötig ist, perfekt zu schwimmen, dass die einfache, gemeinsame Bewegung im Wasser viel Freude machen kann. Verhalten Sie sich ebenso, wie Sie es sich von Ihrem Kind wünschen. Ihr Sohn lernt von Ihnen und nicht nur durch das, was Sie sagen, sondern vor allem auch durch Ihr vorgelebtes Verhalten. Entschuldigen Sie sich z. B., wenn Sie andere Besucher beim schwimmen gestört haben. Wenn Sie das Verhalten Ihres Kindes nicht mehr als „provozierend" und „böse" bewerten und bereit sind, seine hintergründige Angst wahrzunehmen, können Sie auch wesentlich hilfreicher darauf reagieren. Sobald Ihr Sohn erkennt, dass Sie ihn lieben, wie er ist und er darauf vertrauen kann, bei Ihnen sicher zu sein, wird er auch seinen inneren Leistungsdruck aufgeben können. Die seinen

Verhaltensauffälligkeiten zugrunde liegenden Schutzmechanismen wird er dann nicht mehr brauchen ...

Frage: Nachdem ich nach einem langen, aufwendigen Streit endlich das Umgangsrecht für meine Tochter Lena (7) bekommen habe, ergeben sich immer wieder Probleme, wenn ich das Kind abhole oder es zurückbringe. Lena wirkt zudem extrem schüchtern und unsicher auf mich. Sie scheint völlig verändert, seit ich damals von zu Hause ausgezogen bin. Ihre Mutter ist zwar nicht diagnostiziert, da sie sich auch weigerte, therapeutische Hilfe in Anspruch zu nehmen, zeigt aber sehr massiv mehrere Symptome der Borderline-Störung. Vor wenigen Tagen wollte ich nun mit Lena ins Kino gehen. Es war sehr voll und wir mussten uns in die Schlange der Wartenden einreihen. Kurz bevor wir dran waren, gab es anscheinend ein Problem mit der Kasse, sodass wir uns noch einmal neu anstellen sollten. Noch bevor wir unseren Platz am anderen Ende der Schlange einnehmen konnten, lief Lena panisch weg. Ich lief sofort hinterher und konnte noch sehen, wie sie sich unter der Treppe zusammenkauerte. Sie war kaum zu beruhigen und zitterte am ganzen Körper. Ich habe keine Ahnung, was mit ihr los war. Es gab überhaupt keinen Grund für ihre Panik und schon gar nicht für das Weglaufen. Was ist da passiert und was kann ich in solch einer Situation tun (Andreas, 44, geschieden)?

Antwort: *Menschen mit einer Borderline-Persönlichkeitsstörung leiden unter ihrer beständigen inneren Anspannung. Diese ergibt sich u. a. aus dem andauernden Bemühen, ihre angenommene Unzulänglichkeit nach außen zu kaschieren und den Lebens-anforderungen möglichst optimal zu entsprechen, um sich so vor Abwertung und Zurückweisung zu schützen. Da sie aber nur eingeschränkt in der Lage sind, ihre eigenen Leistungen anzuerkennen, ist jede Anforderung mit unmäßigem Druck verbunden. Für Außenstehende ist dieser Spannungsspiegel oft kaum wahrnehmbar, da die Betroffenen oft bemüht sind, ihn zu kontrollieren. Kritisch und offensichtlich wahrnehmbar wird der angestaute Druck erst in dem Moment, in dem er sich entlädt. Oft geschieht dies extrem impulsiv und unkontrolliert, sowie in für Außenstehende nichtigen Situationen, die in keiner Weise zur ursächlichen Situation passen.*

Zu dieser Problematik kommt noch die symptomatische Frustrationsintoleranz. Jede Irritation, jede Unzulänglichkeit im Erleben der eigenen Person oder anderer sowie jeder Moment, der den Umgang mit der eigenen Emotionalität fordert, kann zu spontanen und sehr massiven Anspannungen führen. Oft kommt durch geringfügige Frustrationsauslöser die bereits angestaute Anspannung aus dem alltäglichen Funktionieren mit zum Ausbruch, sodass sich extreme, emotionale Entladungen ergeben können. Es gehört zu den typischen Merkmalen, dass sich die Betroffenen dann explosiv und unan-

gemessen an den vermeintlichen Auslösern oder zur Verfügung stehenden nahen Angehörigen ausagieren.
Ihre Tochter wird im Kontakt mit ihrer Mutter wahrscheinlich Momente erlebt haben, in denen sich derartige Frustrationen für diese ergeben haben. Aus Erfahrung weiß Ihre Tochter, dass dies schmerzhafte Konsequenzen für sie haben wird. Sie wird also aus einer reinen Lernerfahrung heraus die ansteigende Spannung ihrer Bezugsperson mit dem beobachteten Frustrationsauslöser (anstehen und warten) in Verbindung bringen. Kinder, die in einem derartigen Spannungsfeld aufwachsen, entwickeln oft feine Antennen für eventuelle Bedrohungen, um sich vor diesen schützen zu können. Auch das Warten an einer Kasse kann dazugehören. Der Moment, den Sie mit Ihrer Tochter erlebt haben, hatte ja tatsächlich frustrierendes Potenzial, so wie wir es alltäglich immer wieder erleben, es im Gegensatz zu Borderline-Persönlichkeiten aber emotional regulieren können. Wenn Ihre Tochter nun bereits mehrfach zum Spannungsabbau missbraucht wurde, ist es eine logische Konsequenz, dass es in wiederkehrenden Situationen selbst massive Anspannung und Angst entwickelt. Eben aus diesem Hintergrund heraus hat sie sich, als Sie sich in eine neue Warteschlange einreihen mussten, der für sie offensichtlich gefährlichen Situation entzogen.
Für Ihr Kind gab es also sehr wohl einen Grund panisch wegzulaufen. Versuchen Sie, sich in das Erleben Ihrer Tochter einzufühlen. Wie würde es Ihnen gehen, wenn Sie sieben Jahre alt wären, abhängig und für Dinge verantwortlich gemacht und bestraft werden, auf die Sie gar keinen Einfluss haben. Wenn Ihr Kontakt zu Ihrer Tochter bisher nur eingeschränkt und daher selten war, kann das Kind sich nur an seinem Erleben mit der Mutter orientieren und wendet seine Erfahrungen nun im Kontakt mit Ihnen an. Bemühen Sie sich um regelmäßigen Kontakt und um Einfühlung für die Welt, in der die Kleine lebt. Reagieren Sie in akuten Situationen nicht mit Vorwürfen oder dem Vermitteln der Botschaft, dass das Kind mit diesem Verhalten falsch und unzureichend ist. Bleiben Sie liebevoll zugewandt und ruhig. Zeigen Sie ihr, wie Sie mit Frustrationen umgehen und dass sich daraus keine Bedrohung für das Kind ergibt. Sie können beim längeren Anstehen z. B. sagen, das es ärgerlich ist, so lange warten zu müssen, weil so weniger Zeit bleibt, um noch Popcorn zu holen. Ermuntern sie auch die Kleine, zum Ausdruck zu bringen, wenn sie etwas stört - ohne dies zu rügen oder zu betrafen. Da es sein kann, dass das Kind nach vorgelebten Mustern, nicht adäquat seine Frustrationen artikulieren kann, helfen Sie ihr dabei, adäquate Lösungen zu finden. Und lassen Sie sie auch Frustrationen erleben. Nicht jeder Wunsch muss erfüllt werden, nicht alles kann gleich umgesetzt werden. Sie kann nicht lernen, mit etwas umzugehen, mit dem sie nicht konfrontiert wurde.

Frage: Meine Tochter Hannah (8) hätte so gern ein Haustier. Sie bettelt ihre Mutter so lange an, bis diese ihr ein Tier kauft. Es dauert keine vier Wochen, und es kommt zu wüsten Auseinandersetzungen zwischen dem Kind und seiner Mutter, wonach das Tier dann in der Regel abgeschoben wird. Die Tiere werden dann auf Freunde verteilt, ins Tierheim gebracht oder auch ausgesetzt (ist leider schon passiert). Mit dem Hamster gab es einen merkwürdigen Unfall, als das Kind nicht zu Hause war, der Wellensittich soll weggeflogen sein. Mir macht das schwer zu schaffen, weil ich immer wieder mitansehen muss, wie sich Hannah überglücklich an ein Tier gewöhnt, um es dann wieder zu verlieren. Wie kann ich dieses Hin und Her unterbinden? Was passiert da überhaupt (Stefan, 35, getrennt lebend)?

Antwort: Für Borderline-Mütter ist es oft kaum zu ertragen, die Wünsche ihrer Kinder nicht zu erfüllen. Es fällt ihnen oft unglaublich schwer, diese zurückzuweisen oder nötige Grenzen zu setzen, wenn die Interessen des Kindes sich nicht mit den eigenen decken. Dabei geht es allerdings nicht um das Kind, sondern zumeist tatsächlich um die defizitäre Bedürftigkeit der Mutter. Auch hier greift die Verschmelzung, in der diese annimmt, dass sie selbst dann gut ist und auch so reflektiert wird, wenn sie den Wünschen ihres Kindes entspricht. Gleichermaßen kann sie sich als schlecht und liebensunwert wahrnehmen, wenn sie auf die Frustration des Kindes stößt, wenn sie dessen Wunsch zurückweist. Hier findet sich eine der Ursachen für das oft übermäßig nachgiebige Verhalten vieler Betroffenen, die sich gänzlich unfähig sehen, ihren Kindern Grenzen zu setzen oder Regeln zu vermitteln. Es gehört aber zum natürlichen Wachstumsprozess von Kindern, wenn diese lernen, wie sie ihre Interessen am ehesten durchsetzen können. Innerhalb dieser Erfahrungen erkennen sie schnell die Defizite ihrer Bezugspersonen und lernen, diese zum eigenen Vorteil zu nutzen. Gerade hier brauchen Kinder eine erwachsene und selbst reflektierte Bezugsperson, welche in der Lage ist, diesen Prozess so zu begleiten, dass Kinder lernen können, ihre eigene Bedürftigkeit im Einklang mit dem sozialen Umfeld zu leben. Antisoziales Verhalten resultiert letztendlich aus der Ignoranz der Bedürftigkeit anderer und dem rücksichtslosen Durchsetzen eigener Interessen. Das Erfüllen jeglicher Ansprüche und Wünsche von Kindern manifestiert in diesen so vor allem Frustrationsintoleranz, soziale Inkompetenz und letztlich auch Isolation und Einsamkeit.

Es entspricht also ausschließlich der augenblicklichen Bedürftigkeit der betroffenen Mutter, wenn diese immer wieder spontanen Wünschen ihrer Kinder entspricht, um so selbst die erwünschte Resonanz zu erhalten. Ein Teufelskreis, denn die ungestillte Bedürftigkeit von Kindern nach emotionaler Nähe, Gemeinsamkeit und Wahrgenommenwerden kompensiert sich nur allzu oft, wie ja auch gesellschaftlich vorgelebt, durch den Konsum materieller Güter. Es wird immer mehr gefordert und immer mehr gegeben, ohne dass sich tatsächliche eine Befriedigung einstellt. Da das eigentliche Bedürfnis nach Zuwendung und Wahrnehmung nicht erfüllt wird, bleibt ein ungestillter existenzieller Hunger, der sich irgendwann durch Aggressivität und Hass der Kinder gegen die Mutter bemerkbar macht. Dabei wird die Borderline-Mutter nun zum „Opfer" ihrer selbstbezogenen Kinder, die nun ihrerseits versuchen, so wie sie es von ihrer Mutter gelernt haben, ihre innere Leere rücksichtslos durch andere zu füllen.

Haustiere haben für Kinder von Borderline-Persönlichkeiten oft eine besondere Funktion. Sie können nichtbedrohliche Nähe vermitteln, sind verfügbar, können Zärtlichkeit geben Geborgenheit und Trost vermitteln. Oft sind sie aber auch angestauter Wut ausgesetzt. Daher kann der Umgang eines Kindes mit Tieren auch nur dann als verantwortungsbewusst angesehen werden, wenn das Kind nicht davon abhängig ist, angestaute Emotionen mithilfe eines Tieres zu kompensieren.

Ihre Tochter sucht mit einem Tier wahrscheinlich tröstende Zuwendung und Halt in der Instabilität ihres Lebens. Sobald sich hier aber eine liebevolle Bindung an das Tier aufbaut, kann dieses für die Mutter zur Bedrohung werden. Die Aufmerksamkeit des Kindes richtet sich immer mehr auf das Tier. Ihre Tochter wird es versorgen, mit ihm spielen, von ihm erzählen. Gesunde, erwachsene Mütter nehmen freudigen Anteil daran. Sie bejahen die Verantwortung, die ihr Kind zu tragen lernt, und unterstützen diese. Für Borderline-Mütter bedeutet dies aber, dass sie nicht mehr im Zentrum der kindlichen Aufmerksamkeit stehen, was sowohl die Identifikation mit dem Kind, als auch die eigene ungestillte kindliche Bedürftigkeit nach dessen alleiniger, bedingungsloser Verfügbarkeit stört. Und so kann es sein, dass sie beginnen, das Tier abzulehnen. Es wird dann in seiner Anwesenheit, seiner Bedürftigkeit nach Sauberkeit, Nahrung und Zuwendung als „verschlingend" und anmaßend wahrgenommen, es wird als beständiger Auslöser aller Frustrationen gesehen und letztendlich zur Bedrohung. An diesem Punkt wird das Tier dann meist „entsorgt". Bis das Kind dann wieder um ein neues bittet ...

Wenn Sie diesen Kreislauf durchbrechen wollen, wird Ihnen dies nur gelingen, wenn Sie, den gesamten Prozess nachvollziehen können und ihn im Ursprung beeinflussen. Der Wunsch Ihres Kindes ist verständlich und nachvollziehbar, lässt sich aber unter diesen Umständen nicht leben. Sprechen Sie mit Ihrem Kind über den Wunsch nach einem Tier, über das, was dahinter steht. Was bekommt es durch das Tier? Wie kann es das noch bekommen, ohne dass ein Tier im Haushalt lebt. (Patenschaften im Tierheim oder Bekanntenkreis). Sprechen Sie mit Ihrem Kind auch kindgerecht über den immer wiederkehrenden Konflikt der Mutter mit den Tieren. Wenn Ihre Tochter bereits mehrfach die Erfahrung gemacht hat, dass die Mutter die Tiere mit der Zeit ablehnt, wird sie selbst nachvollziehen können, dass sich dies wiederholen wird.

Betrachten Sie mit Ihrem Kind auch die Situation der Tiere, die ja abhängig sind, Ihre Tochter lieb gewinnen und ebenfalls unter der Trennung leiden. Versuchen Sie ihr Kind dahingehend zu motivieren, dass es selbst entscheidet, dass ein Tier in seinem Umfeld kein gutes Zuhause finden kann.

Unabhängig von Ihrer konkreten Haustier-Problematik steht dahinter für Sie aber vor allem die Aufgabe, Ihrem Kind das zu vermitteln, was ihm im mütterlichen Haushalt versagt bleibt. Dazu gehören nicht nur die liebevolle Reflektion des Kindes und die Akzeptanz und Förderung seiner Individualität, sondern auch die Vermittlung einer Frustrationstoleranz und das Akzeptieren von Grenzen. Für Sie als Vater kann es sehr schwer sein, die Bitten Ihres Kindes zurückzuweisen, da Sie befürchten können, dass gerade die materielle Bedürfnisbefriedigung auch zur Bewertung der Eltern genutzt wird (siehe Kindes-entfremdung). Wenn Sie Ihr Kind jedoch mit seinen Wünschen nicht ignorieren oder ablehnen, sondern mit ihm gemeinsam den Wunsch betrachten und verstehen, haben Sie eine Basis für das Vermitteln einer sozialen Fähigkeit – der verbindenen Auseinandersetzung - geschaffen. So geht es mir mit dem, was du möchtest, das sind meine Gedanken und Gefühle dazu („Sieh mich!"), und nun sage mir, was du denkst und fühlst („Ich sehe dich"). Letztendlich geht es nicht darum, dass Sie ihrem Kind eine Entscheidung aufdrücken, sondern dass es diese auch nachvollziehen, verstehen und akzeptieren kann. Dass, was Sie innerhalb dieser Auseinandersetzung Ihrer Tochter vermitteln, ist Klarheit, Stabilität und die Botschaft: „Ich interessiere mich für dich und du bist mir wichtig. Ich bin für dich da!"

Frage: Ich habe mich vor zwei Jahren von meinem Mann und dem Vater meines Sohnes getrennt, weil ich dessen bizarre Stimmungsschwankungen und Wutanfälle nicht mehr ertragen konnte. Es existiert zwar keine Diagnose in Richtung Borderline, aber ich erkenne an ihm die Züge, die auch in der Literatur vermittelt werden. Letztlich hat mir das auch die Kraft gegeben, die Trennung konsequent durchzuziehen. Was sich aber immer mehr verschärft und mich völlig ratlos macht, ist sein Umgang mit dem Kind, den ich ihm ja gewähren muss. Wenn mein Sohn (5) von seinem Vater nach Hause gebracht wird, ist er jedes Mal völlig verändert. Meistens holt sein Vater ihn alle zwei Wochen am Freitagabend ab und bringt ihn am Sonntagabend wieder. Soweit ich es durch das Erzählen von Felix mitbekomme, absolvieren sie das volle Programm. Erlebnispark oder -bad, Kino, Zoo, Fernsehen bis spät in die Nacht, Einkaufen und Geschenke bis zum Abwinken. Er darf aber nichts mit nach Hause nehmen, es bleibt alles in der Wohnung des Vaters. Wenn Felix nach Hause kommt, läuft er meist völlig überdreht und ruhelos durch die Wohnung, sitzt später dann völlig erschöpft und wie apathisch in der Ecke und klagt über Bauch- und Kopfweh. Wenn ich versuche, mit ihm zu reden, beschimpft er mich. Er wirft mir vor, dass ich den armen Papa rausgeworfen habe und ihn auch loswerden will. Manche Schimpfworte kenne ich von seinem Vater, der ähnlich mit mir geredet hat. Neulich hat er mich als lieblose Schlampe beschimpft. Und das aus dem Mund eines fünfjährigen Kindes. Ich weiß einfach nicht, wie ich damit umgehen soll. Das tut mir alles so weh. Warum tut der Kleine das? Was kann ich tun (Karin, 38, geschieden)?

Antwort: *Ein psychisch gesunder Vater, der in der Lage ist, sich auf sein Kind einzulassen, ist auch befähigt, dessen Bedürftigkeit wahrzunehmen. Dazu gehört auch die ausgewogene Balance zwischen dem Gewähren von Impulsen und Eindrücken und einer Ruhephase, in der diese dann verarbeitet werden können. Wird diese nicht gewährt, kommt es zu einer Impulsüberflutung, die ein fünfjähriges Kind massiv überfordert. Väter mit Borderline-Anteilen tragen oft auch narzisstische Züge in sich. Im Gegensatz zu dem Verhalten von ähnlich geprägten weiblichen Betroffenen geht es in der Überhäufung an materiellen Zuwendungen aber oft nicht um die Identifikation und Frustrationsabwehr, sondern eher um eine Positionierung. Letztere kann sowohl das Kind betreffen (sieh her, ich habe die Macht dir das zu geben, also bin ich gut), als auch Sie als schwarz besetzte Mutter, deren Verlassen eine unverzeihliche, narzisstische Kränkung darstellt (ich schaffe es, dass er mich mehr liebt als dich, denn ich bin besser als du). Das beständige Überhäufen eines Kindes mit Konsumgütern aus dieser falschen Motivation des Vaters heraus, gehört so auch zu den bereits beschriebenen kindesentfremdenden Verhaltensweisen. Hier geht es nicht im Geringsten darum, dem Kind eine Freude zu machen oder ihm einen sinnvollen Umgang mit Wünschen, Frustrationen und Erlebnissen zu vermitteln, sondern einzig und allein um die Überwindung der väterlichen, narzisstischen Kränkung, mit der dem Kind letztendlich geschadet wird. Vor allem, wenn die materiellen Zuwendungen mit Forderungen verknüpft sind, können Sie den entfremdenden und für das Kind zerstörerischen Charakter erkennen. Die Beeinflussung kann sowohl subtil als auch direkt erfolgen, in dem z. B. herabsetzende Bemerkungen fallen, die sich auf Sie als Mutter beziehen. Ist das Kind bereit, sich der Meinung des Vaters anzuschließen, wird es belohnt, tut es das nicht, wird es bestraft. Das Kind gerät so unter den Zugzwang, auf jede Art von Zuwendung eine akzeptierte Gegenleistung zu erbringen. Für Ihren Sohn ein unlösbares Dilemma. Einerseits liebt er seinen Vater, den er ja auch als männliches Rollenvorbild erlebt. Dieser Vater fordert nun, sei wie ich – hasse und verachte deine Mutter. Dabei toleriert er die natürliche Liebe seines Kindes zu seiner Mutter nicht. Das Kind wird hin- und hergerissen sein, zwischen dem Wunsch, dem Vater zu gefallen und dem aufgezwungenem, schmerzhaften Leugnen seiner liebevollen Haltung Ihnen gegenüber. Wann immer er der Verlockung nachgibt, um belohnt zu werden, wird er sich innerlich verleug-*

nen müssen und sich mit Schuld- und Schamgefühlen plagen. Die Suggestion des Vaters, Mutter sei daran schuld, dass es mir schlecht geht (und da du ja wie ich bist, dir auch), kann dann auch bei dem Kind greifen. Das kann dann dazu führen, dass Sie ihn nach seiner Rückkehr als das verlängerte, abwertende Sprachrohr seines Vaters erleben.

Das Verhalten Ihres Kindes ist sicher schmerzhaft für Sie, richtet sich aber nicht gegen Sie als Person. Im Zusammensein mit seinem Vater hat er auf eine bestimmte Art zu reagieren, die ihm dessen Zuwendung sichert. Vergessen Sie nicht, dass er im Zusammensein mit seinem Vater von diesem auch abhängig ist. Wenn er dann zu Ihnen zurückkehrt, kann es sein, dass er sich selbst als mangelhaft und schlecht wahrnimmt, wenn er sich liebevoll zu Ihnen hingezogen fühlt. Die Information des Vaters - sei wie ich, dann bist du gut – schließt mit ein, dass er schlecht ist, wenn er sich Ihnen zugewandt verhält. Ihr Sohn befindet sich in solchen Momenten in einem Zustand tiefster Zerrissenheit. Die Überforderung durch zahlreiche nicht verarbeitete Eindrücke forcieren Verwirrung und Desorientierung.

Wenn Sie nun also das Verhalten Ihres Sohnes nachvollziehen können, dürfte Ihnen auch bewusst sein, dass Bestrafungen, Vorwürfe oder das Implizieren von Schuldgefühlen fehl am Platz sind. Sie sollten Ihrem Kind zunächst einmal die Möglichkeit geben, anzukommen und Ruhe zu finden, bevor Sie fragen, was es erlebt hat. Gehen Sie auf sein Erleben rein reflektierend ein („Das war bestimmt aufregend ...") und bewerten Sie nichts. Vermeiden Sie kritische oder abwertende Aussagen über den Vater. Helfen Sie dem Kleinen, das Erlebte zu verarbeiten, indem Sie mit ihm darüber reden, ihn malen oder Situationen nachspielen lassen. Tragen Sie in ein Tagebuch ein, wie Sie Ihr Kind wahrgenommen haben, und teilen Sie Ihre Wahrnehmung auch dem Vater schriftlich mit. Fordern Sie diesen auf, dem Kind Ruhephasen zu ermöglichen und materielle Zuwendungen mit Ihnen abzusprechen. Sollten Sie darauf nicht die gewünschte Reaktion erhalten, wenden Sie sich an einen Kinderpsychologen, der dem Kind Unterstützung gewährt sowie an das Jugendamt bzw. einem Fachanwalt für Kindschaftsrecht. Lassen Sie prüfen, inwieweit der Umgang weiter verantwortet werden kann oder ob er begleitet stattfinden sollte. Unabhängig davon, dass Sie immer wieder schadensbegrenzend aktiv werden müssen, sollten Sie vor allem darauf achten, Verhaltensmuster des Kindes, die aus dem Umgang mit seinem Vater resultieren, hilfreich zu korrigieren. Nutzen Sie materielle Zuwendung nicht, um Ihr Kind zu beeinflussen, achten Sie darauf, dass es anderen und sich selbst mit Respekt begegnet und sich so z. B. nicht in Abwesenheit anderer negativ über diese äußert. Interpretieren Sie die Überforderung und Irritation Ihres Kindes nicht als Ablehnung. Teilen Sie ihm trotzdem klar und deutlich mit, wie es Ihnen mit abwertenden Aussagen geht und dass sie diese nicht tolerieren. Bleiben Sie trotz Klarheit, Konsequenz und dem notwendigen Setzen von Grenzen, die ja auch oft ein klares Nein einschließen, liebevoll zugewandt. Für Ihren Sohn ist Ihre Vorbildwirkung, Ihre Geduld und aufmerksame Liebe weitaus wertvoller, als es jedes käufliche Geschenk sein kann.

Frage: Ich habe einen sechsjährigen Sohn, mit dem ich ab und zu mal ein Wochenende verbringen kann. Obwohl wir eine klare Umgangsregelung haben, wird diese immer wieder sabotiert, sodass ich den Kleinen sehr unregelmäßig sehen kann. Mir ist aufgefallen, dass Jan, wenn er bei mir ist, sich jeder kleinen Aufgabe ganz verbissen widmet und sich auch über jeden noch so kleinen Fehler übermäßig ärgert. Als wir beim letzten Mal Karten gespielt haben, hat er mit einer unvorsichtigen Handbewegung sein Saftglas umgeworfen. Es war kaum noch etwas drin, also hielt sich der Schaden in Grenzen. Es war wirklich nicht schlimm. Jan hat sofort behauptet, dass er das Glas nicht umgeworfen hat, es sei vom Wind umgepustet worden. Obwohl ich ganz liebevoll gesagt habe, dass es doch gar nicht schlimm sei, blieb er steif und fest bei seiner Behauptung. Ich weiß gar nicht, wie ich mit solchen Situationen umgehen soll, denn Derartiges wiederholt sich immer wieder. Er fantasiert sich die unglaublichsten Erklärungen für die kleinen Fauxpas herbei, und weicht geradezu verbissen nicht davon ab. Wie kann ich ihn überzeugen, dass er zu seinen Fehlern stehen soll? Mir geht es auch ganz schlecht bei seinen überzogenen Reaktionen. Er verhält sich geradezu so, als ob ich ihn dafür auffressen werde (Uwe, 46, getrennt lebend).

Antwort: In der Beantwortung der vorhergehenden Fragen bin ich bereits auf einige der typischen Grundmuster von Borderline-Persönlichkeiten eingegangen. Aus Ihren Zeilen lese ich heraus, dass es Jan schwerfällt, Fehler zu machen und er verbissen bemüht ist, diese zu vermeiden. Wie auch in der Fragestellung zu dem kleinen, auffälligen Schwimmer, wird auch er zum einen bemüht sein, durch möglichst gute Leistungen die Aufmerksamkeit und Zuwendung seiner Mutter zu erhalten. Zum anderen hat er sicher bereits die Erfahrung gemacht, welche Konsequenzen es für ihn hat, etwas falsch oder nicht zufriedenstellend zu erledigen. Oft sind es gerade Kleinigkeiten, die unverhältnismäßige, herabsetzende Wutanfälle auslösen. Als ehemaliger Partner haben Sie aus der Wahrnehmung eines Erwachsenen sicher selbst mehrfach derartige Situationen erlebt. Können Sie sich vorstellen, wie sich ein Kind in einer derartigen Konfrontation fühlt? Es wird geradezu vernichtet, ohne die geringste Chance zu haben, sich zu entziehen oder die Situation rational relativieren zu können. Es erlebt sich ja als völlig falsch und unzureichend und sieht die Reaktion der Mutter als berechtigt an. Mit seinem verbissenen Bemühen, nichts falsch zu machen, konzentriert sich Ihr Sohn nicht auf seine Aufgabe. Er kämpft um sein Überleben.

Was Jan von Ihnen dringend braucht, ist gerade und immer wieder die Information, dass er auch mit Fehlern völlig in Ordnung ist. Dass Sie ihn auch dann lieben, wenn er etwas falsch macht, nicht perfekt und hundertprozentig Leistung bringt. Sie können ihm das in jeder Alltagssituation vermitteln. Sowohl in der Reaktion auf seine Fehler, als auch im Umgang mit Ihren eigenen Fehlern. Zeigen Sie ihm, wie gelassen Sie mit Ihrer eigenen Tollpatschigkeit und auch den Schwächen anderer Personen umgehen. Gerade im Umgang mit kleineren Kindern ist auch das verarbeiten von Informationen im Spiel sehr wertvoll. Das Rollenspiel, auch und gerade im Tausch der Rollen („Du bist ich und ich bin du") ist eine sehr effektive Möglichkeit, Verhaltensweisen und die Auswirkungen eingehend zu ver- bzw. zu bearbeiten.

Dazu kommt noch, dass im Hintergrund des kindlichen Erlebens auch die Tatsache präsent ist, dass selbst perfekte Leistungen nicht vor negativen Resonanzen einer Borderline-Persönlichkeit schützen. Dass auch Momente, in denen ein Kind stolz auf eine Leistung ist, zu Zurückweisung führen können. Ursächlich für diese Zurückweisung, das Herabsetzen oder das ausagierende Verhalten ist ja der augenblickliche emotionale Zustand des Betroffenen und ob er sich in diesem Augenblick gerade mit seinem Gegenüber identifizieren kann. Was nützt es der bedürftigen Borderline-Persönlichkeit, sich gerade als mangelhaft und defizitär wahrzunehmen und ein stolzes, glückliches Kind als Gegenüber zu haben. Der Bedürftigkeit nach verschmelzender Reflektion (ich bin wie du und du bist wie ich – wir sind eins) kann dann nicht entsprochen werden, was häufig unweigerlich Aggressivität auslöst. Ich erwähne dies, damit Sie die Möglichkeit haben zu erahnen, wie zerrissen sich Ihr Kind oft fühlen muss, wenn er mit aller Anstrengung letztendlich nichts richtig machen kann und wie wichtig Ihre auf das Kind bezogene Achtsamkeit ist.

Die von Ihnen beschriebenen Verhaltensweisen sind somit als Selbsthilfemechanismen zu sehen. Wenn er die Verantwortung für das umgefallene Glas dem Wind zuschreibt, sieht er für sich eine Chance, den für ihn grauenvollen, bestrafenden Konsequenzen zu entgehen. Bitte sehen Sie sich durch derartige Handlungen nicht provoziert oder missachtet. Jan überträgt wie alle Kinder die Erfahrungen, die er im Umgang mit Personen und Situationen macht, logischerweise auch auf andere Menschen und so auch auf Sie. Woher soll Jan wissen, dass er Fehler machen muss und darf, um überhaupt lernen zu können, wenn es ihm nicht vermittelt wird.

Sehen Sie genau diese Vermittlung als Ihre Aufgabe und zeigen Sie ihm, dass er ein liebenswertes, wertvolles Kind ist, gerade mit seinen kleinen individuellen, wundervollen Schwächen. Sind es nicht gerade diese, die einen Menschen so unverwechselbar machen?

Frage: Mein Sohn ist sechs Jahre alt. Er lebt bei seiner Mutter, von der ich mich vor wenigen Monaten nach zahllosen Trennungen und Versöhnungen, nun endgültig getrennt habe. Sie ist nicht diagnostiziert und weist jede therapeutische Unterstützung weit von sich, ist aber für mich, nach dem, was ich mit ihr erlebt habe, ganz klar Borderline. Nach heftigen Auseinandersetzungen mittels Anwalt kann Stephan mittlerweile an jedem zweiten Wochenende zu mir. In der Regel klappt das auch ganz gut. Er ist ein sehr stilles Kind, mag auch nicht so gern mit anderen spielen und baut sich lieber Höhlen, in denen er sich mit seinen Kuscheltieren versteckt. Was mir aber große Sorge macht, sind die Nächte. Er schläft zwar in einem eigenen Bett, fängt aber fast jede Nacht an, ganz laut zu schreien und zu wimmern. Dann lässt er sich auch kaum beruhigen, ist völlig verschwitzt und panisch. Oft weiß er am nächsten Morgen nichts mehr davon. Wenn er sich aber erinnert, erzählt er von Monstern, die ihn oder mich fressen wollen, oder dass er allein im Wald ist und Mama und Papa tot sind. Woher hat er denn solche Träume? Kann es sein, dass er zu viel schlechtes Fernsehen sieht (Matthias 36, getrennt)?

Antwort: Das Traumerleben von Kindern ist wesentlich intensiver als das von Erwachsenen. Auch die Traumdauer nimmt einen auffällig längeren Zeitraum (bei Kleinkindern etwa 50 Prozent der Schlafdauer, im höheren Alter sind es etwa 20 Prozent) ein. Mithilfe dieser ausgeprägten, langen Träume verarbeiten Kinder die Eindrücke Ihres Alltags. Es sind dabei nicht nur die äußeren Eindrücke, sondern vor allem auch ihre inneren Reaktionen auf diese, die in Form von Gefühlen verarbeitet werden. Kinder erleben in Ihrem Alltag viele ängstigende Momente, mit denen sie nur unzureichend umgehen können. Albträume gehören daher durchaus zu einer normalen Entwicklung. Aus Fragmenten der realen Wahrnehmung ergeben sich Bilder und Szenen, welche vor allem die nicht bewältigte Emotionalität verarbeiten helfen. Es gehört zur lernorientierten Entwicklung eines Kindes, seine Erlebnisse im Traum zu verarbeiten.

Natürlich gehört auch das Fernsehen zu den äußeren Eindrücken. Die kindliche Wahrnehmung ist hier eine ganz andere, als die der Erwachsenen, sodass viele Informationen, die das Kind durch Fernsehkonsum erhält, für dieses massiv ängstigend sein kann. Ich erinnere mich, dass ich selbst im Alter von etwa vier Jahren auf eine Szene im Fernsehen, in der Männer von einem LKW sprangen und dann erschossen wurden, mit Entsetzen reagierte. Mir wurde daraufhin erklärt, dass dies doch nur Schauspieler seien und für mich ergab sich die schreckliche Konsequenz, dass Schauspieler also im Fernsehen erschossen werden. Heute kann ich über mein kindlich, logisches Erleben schmunzeln, damals blieb es lange eine schreckliche Erfahrung.

Sie sollten also tatsächlich im Umgang mit dem Zugang zu Informationen aus der Erwachsenenwelt achtsamer sein, da diese Ihr Kind vielleicht überfordern. Unabhängig davon sind ausgeprägte, panische Albträume bei Kindern oft ein Hinweis auf die innere Auseinandersetzung mit traumatischen Geschehnissen, die bewusst nicht verarbeitet werden können. Zum einen, da es noch keine oder zu wenige rationale Verarbeitungsmöglichkeiten gibt (logisches, schlussfolgerndes und analysierendes Denken), zum anderen, weil genau diese auch aus Abwehrgründen nicht zugelassen werden können. Das Bewusstsein, einem Elternteil ausgesetzt zu sein, der aus eigener infantiler Bedürftigkeit heraus gar nicht in der Lage ist, sein Kind zu versorgen, kann nicht zugelassen werden, wenn sich hieraus nicht Hoffnungslosigkeit und Abgetrenntsein ergeben soll. Es ist einer unserer Überlebensmechanismen in dieser Zeit der Abhängigkeit, uns die Illusion von Sicherheit zu erhalten, um unseren Lebenswillen nicht zu schwächen. Dies ist auch einer der Gründe dafür, warum Kinder oft so bedingungslos bereit sind, die Verantwortung elterlicher Defizite zu übernehmen.

Im Kontakt mit einer Borderline-Bezugsperson werden Kinder immer wieder mit Double Bind konfrontiert. Das sind konträre Forderungen, die durch ihre Unerfüllbarkeit den Eindruck hinterlassen, nichts richtig machen zu können. Resultat ist die verinnerlichte Annahme, ungenügend zu sein, bzw. liebensunwert und verachtungswürdig. Letzteres ergibt sich aus den häufigen Reaktionen einer Borderline-Persönlichkeit auf die Nichterfüllung Ihrer (schizophrenen) Forderung. Die meisten Kinder in derartigen Konstellationen versuchen dann, um jeden Preis alles richtig zu machen und sich mit ihrem Gespür ganz auf ihre Bezugsperson auszurichten, wobei sie allerdings gezwungen sind, den Bezug zu dem, was in ihnen selbst geschieht, aufzugeben. In der Konsequenz lassen sie sich also „verschlingen", da dies immer noch besser ist, als die Aufgabe ihres Lebenswillens. In dem Moment, indem sie aufhören würden, ihre Bezugsperson zur Zuwendung und Versorgung zu motivieren, würden sie auch sich selbst aufgeben. Ein Kind kann sich über dieses Verschlungenwerden jedoch nicht klar werden. Die dazugehörigen Emotionen der Anspannung, der Angst und Panik, der Hilflosigkeit und Ohnmacht, passen zum Traumbild, von Monstern verschlungen zu werden. Dies ist eine hilfreiche Variante, die Realität zu verarbeiten, ohne dabei in tatsächliche Gefahr zu geraten. Das Gleiche gilt für die Bilder, in denen Sie oder seine Mutter aufgefressen werden. Die Angst des Kindes, dass sich seine Bezugspersonen abwenden und unerreichbar werden (da es ja fehlerhaft ist), steht hier wahrscheinlich im Mittelpunkt.

Achtsame Eltern können auch im täglichen Erleben und Spiel die Bedürfnisse ihres Kindes erkennen. Höhlen bauen sich alle Kinder gern, entspricht doch das Selbstschaffen von geschützten Räumen einem generellen Bedürfnis nach Geborgenheit, Schutz und Selbstständigkeit. Im gesunden Rahmen existiert hier aber eine Balance zu dem aktiven Wunsch nach Kontakt und Geselligkeit. Zeigt ihr Sohn sich überwiegend zurückgezogen, kann dies durchaus ein Hinweis darauf sein, dass er die „Außenwelt" und Kontakte als ängstigend und bedrohlich erlebt. Auch dies kann in seine Träume hineinfließen.

Wie können Sie Ihrem Kind nun helfen? Unmittelbar nach dem Traum, wenn Ihr Sohn panisch oder angsterfüllt schreit, sollten Sie einfach nur tröstend da sein. Auch wenn Sie selbst aus dem Schlaf gerissen wurden, beherrschen Sie Ihre eventuelle Ungeduld oder Frustration. Wenn die Angst vor Zurückweisung in derartige Träume führt, wird das direkte Erleben des Alleingelassenseins die Situation nur verschlimmern.

Sprechen Sie am kommenden Tag mit Ihrem Kind. Seien Sie dabei ein liebevoller, nicht wertender Zuhörer. Indem Ihr Sohn über sein Traumerleben spricht, sieht er es bereits mit dem nötigen Abstand. Durch Ihre Spiegelung, Ihre Empathie und Ihren Trost verliert er das Gefühl des Alleingelassenseins, das die Basis, gleichzeitig aber auch die Konsequenz des Traums war. Nehmen Sie Ihr Kind ernst und gehen Sie aktiv auf sein Erzählen ein. Fragen Sie! Wie sahen die Monster aus? Wo kamen sie her, wo sind sie jetzt? Vielleicht mag Ihr Kind ein Bild zu seinem Traum malen. Sie können die gemalten Monster dann einschließen oder ein dickes Gitter davor malen. Ihr Kind fühlt sich so nicht nur von Ihnen angenommen und verstanden („Ich bin nicht allein"), es bekommt die Möglichkeit aktiv etwas gegen die Monster zu tun („Ich bin nicht hilflos").

Reden Sie über das, was am Tag geschehen ist, sodass Ihr Kind sein Erleben bereits im Gespräch verarbeiten kann. Suchen Sie nach entspannten Einschlafritualen, die vor allem den Hintergrund der nächtlichen Ängste relativieren. Vermitteln Sie Geborgenheit, Sicherheit und Nähe. Lassen Sie ein Schlaflichtlein brennen, das Kuscheltier mitschlafen oder bringen Sie Leuchtsterne an der Wand an. Auch das Vorlesen kann helfen. Im Buch „Das Traumfresserchen" von Michael Ende, kämpft Prinzessin Schlafittchen gegen ihre Albträume. Hier findet sich sogar ein Zauberspruch, der garantiert gegen böse Träume hilft.

Zögern Sie auch nicht, therapeutische Hilfe in Anspruch zu nehmen, wenn Sie sehen, wie Ihr Kind auch tagsüber unter seinen Träumen leidet, indem es sich ständig damit beschäftigt oder abends sogar Angst hat, ins Bett zu gehen. Ansprechpartner sollte hier zunächst der Kinderarzt sein, der Ihnen sicher entsprechende Hilfe vermitteln kann.

Frage: Jana ist neun Jahre alt. Vor etwa einem Jahr habe ich mich von ihrer Mutter getrennt und lebe seitdem in einer neuen Beziehung. Ich versuche trotz aller Schwierigkeiten, Jana regelmäßig zu sehen, auch wenn ich den Eindruck habe, dass ihre Mutter dies immer wieder sabotiert. Was unser Zusammensein sehr problematisch macht, ist der unverhohlene Hass, den Jana

meiner Partnerin gegenüber zum Ausdruck bringt. Sie mäkelt an allem was sie macht herum, ist oft auch verletzend und beleidigend. Wenn ich sie dann in die Schranken weise, zieht sie sich eingeschnappt zurück und redet nicht mehr mit mir. Es ist egal, was ich dann auch versuche, sie lässt mich links liegen. Das verdirbt uns regelmäßig die wenigen Stunden, die wir haben. Was kann ich tun, um das zu ändern (Ralf, 44, getrennt)?
Antwort: *Der Lebensmittelpunkt Ihrer Tochter ist bei ihrer Mutter. Sie kehrt also regelmäßig wieder zu dieser zurück und somit auch in die Abhängigkeit von ihr. Borderline-Persönlichkeiten verschmelzen mit ihren Bezugspersonen. Kinder werden so oft als Verlängerung des eigenen Selbst angesehen, womit ihnen auch eine eigenständige Wahrnehmung der Welt nicht zugestanden wird. In der Regel wird dem Kind durch seine Borderline-Mutter beständig vermittelt, dass es in seiner eigenständigen Auseinander-setzung mit Situationen nur dann in Ordnung ist, wenn es diese nach dem Willen der Mutter reflektiert. Betont das Kind durch eine individuelle Spiegelung von Erlebnissen die Tatsache, dass es ein eigenes, von der Mutter losgelöstes Ich besitzt, löst es sich aus der Verschmelzung und wird in der Konsequenz als bedrohlich empfunden. Betroffene Mütter reagieren darauf häufig mit Zurückweisung, Bestrafung und Herabsetzung, was für das Kind eine klare existenzielle Bedrohung darstellt.*

Jana befindet sich demnach in einem für sie unlösbaren Dilemma. Ihre Mutter wird Ihre neue Partnerin schwarz besetzen, d. h. dieser eventuell die Verantwortung für die erfolgte Trennung zuweisen. Sie wird also dazu neigen, sie ausschließlich als schlecht, böse und hassenswert zu sehen und auch so darzustellen. Für das Kind entsteht hier die klare Forderung, sie ebenfalls so zu erleben und ihr gegenüber auch so zu fühlen. Die klare Botschaft lautet „Sei wie ich – hasse, und verachte die neue Partnerin deines Vaters. Nur dann kann ich dich annehmen – und versorgen." Würde ihre Tochter eine eigenständige Wahrnehmung zeigen („Ich bin anders als du – ich mag sie"), würde sie unweigerlich bestraft und zurückgewiesen werden. Frei nach dem Motto „Wer nicht für mich ist, ist gegen mich", könnte sich für Ihre Tochter ein schwerwiegender Konflikt mit einer Person ergeben, von der sie existenziell abhängig ist.

Also versucht Ihre Tochter, sich in der Verschmelzung mit der Mutter zu halten. Um Ihre neue Partnerin auch tatsächlich als schlecht und böse zu erleben, kann es sein, dass sie immer wieder Situationen inszeniert, in denen sie sich dann selbst als zurückgewiesen erleben kann. So kann sie z. B. Verabredungen nicht einhalten, Anweisungen ignorieren oder Gegenstände, die Ihrer Partnerin wichtig sind, „versehentlich" zerstören. Wenn Ihre Partnerin dann enttäuscht, ärgerlich oder frustriert darauf reagiert und sich entsprechend mit dem Kind auseinandersetzt, kann Ihre Tochter das Bild der bösen „Stiefmutter" in sich aufrechterhalten und sich so davor schützen, in Wahrnehmungskonflikte zu geraten. Wie in einer „partnerschaftlichen" Borderline-Beziehung auch entsteht hier eine Diskrepanz zwischen Ursache und Wirkung. Ich tue etwas, auf das du mit Enttäuschung, Ärger oder Abgrenzung reagieren wirst, und erlebe mich durch deine Reaktion dann als zurückgewiesenes Opfer. Ihre Tochter versucht so, ihren inneren Konflikt, der sich aus der Gegenüberstellung der eigenen Wahrnehmung und der der Mutter ergibt, zu entgehen.

Natürlich kann die Ablehnung Ihrer Partnerin auch durch die Angst Ihrer Tochter begründet sein, dass sie ihren Papa (den sie sehr braucht) verlieren wird. Sie haben die Mutter Ihrer Tochter verlassen. Da diese sich aber mit ihrem Kind als Einheit erlebt, haben sie in ihrer Wahrnehmung also auch ihr Kind verlassen, was diesem letztendlich dann auch so reflektiert wird. Hier können kindesentfremdende Botschaften schnell und intensiv zerstörerisch wirksam werden, was die verschmelzende Wirkung und somit den Interessen der Borderline-Mutter entspricht.

Wie Sie sehen, geht es also keinesfalls darum, Ihre neue Partnerin als Person zu verletzen oder aus böswilligem Hintergrund heraus Unfrieden zu stiften. Bitte setzen Sie sich mit Ihrer neuen Partnerin über den Lebenshintergrund Ihres Kindes auseinander und suchen Sie nach gemeinsamen Möglichkeiten eines adäquaten Umgangs.

Als förderlich kann ich hier nur Maßnahmen empfehlen, die eine Individualität Ihres Kindes fördern. Hier kann sich durchaus ein Dilemma für Sie ergeben. Akzeptieren Sie die Verschmelzung Ihres Kindes mit der Mutter und vermeiden Sie die Förderung seiner Individualität, dann bleiben nicht nur die Konflikte bestehen, sie werden sich auch verstärken, wobei Ihr Kind auch immer stärkere Persönlichkeitsdefizite ausprägen wird. Unterstützen und korrigieren Sie jedoch die Wahrnehmung Ihres Kindes (ehrliche Reflektionen seines Verhaltens, Aufdecken von Inszenierungen – Aktion-Reaktion), so wird sich der Konflikt mit der Mutter verschärfen.

Letztendlich ist es Ihre Entscheidung, für welchen Weg Sie sich entscheiden. Ihrem Kind können Sie allerdings langfristig nur helfen, wenn Sie als Vater und im Gegensatz zur Mutter dafür sorgen, dass es in der Lage ist, sich so zu entwickeln, dass es in seinem späteren Leben für sich sorgen und in seinen sozialen Kontakten bestehen kann.

Versuchen Sie also, Ihre Tochter mehr einzubinden. Wenn sie dazu neigt, zu mäkeln, geben Sie ihr etwas Verantwortung für den Ablauf des Zusammenseins. Vielleicht ist es hilfreich, wenn sie mitentscheiden kann, was sie gemeinsam tun oder essen. Streben Sie gemeinsame, emotionale Erlebnisse an, über die Sie sich dann auch austauschen können. Z. B. nach einem spannenden oder bewegenden Kinobesuch: Wer möchte welche Figur am meisten/wenigsten und warum? Was hat besonders gefallen, was nicht? Ihre Tochter darf dabei auch andere Meinungen haben, ohne dafür gerügt oder zurückgewiesen zu werden. Vielleicht kann sie im Austausch aber auch erkennen, dass sie alle Gemeinsamkeiten haben, die sie miteinander verbinden. Dazuzugehören ist ein wesentlicher Bindungsaspekt, der letztendlich ja auch in Ihrem Fall von der Mutter für deren Interessen missbraucht wird. Setzen Sie klare Regeln und Grenzen - was ist akzeptabel, was nicht - und sprechen Sie diese auch aus. Reflektieren Sie das Verhalten Ihrer Tochter, aber auch Ihr eigenes. Zeigen Sie ganz konkret, wie es Ihnen mit dem Verhalten Ihrer Tochter geht (gewaltfreie Kommunikation). Sprechen Sie dabei konkret aus, wie Sie sich in der Situation fühlen und was Sie brauchen. Bewerten Sie ihr Kind nicht und behalten Sie die Verantwortung für Ihre Wünsche bei sich (Ich möchte, weil ich...) Lassen Sie Ihre Partnerin für sich sprechen. Wenn diese enttäuscht oder traurig auf eine bestimmte Situation reagiert, sollte sie dies auch selbst thematisieren. Achten Sie darauf, nicht in Borderline-Mentalität zu bestrafen („Wenn du nicht wahrnimmst, denkst, fühlst oder handelst wie ich, dann bist du falsch und wirst von mir ignoriert oder bestraft"). Je eigenständiger und selbstbewusster Ihre Tochter wird und je mehr sich Ihr Vertrauen zueinander entwickelt (und vielleicht auch das zu Ihrer neuen Partnerin), desto mehr wird sich auch die Problematik entschärfen.

Frage: Vor etwa zwei Jahren habe ich mich von meinem Partner getrennt und lebe jetzt mit Tim (10) allein. Bis vor kurzem hatte Tim auch noch Kontakt zu seinem Vater, da dieser aber neben seinen irrationalen Ausbrüchen auch noch alkoholabhängig war und das Kind in den Umgangszeiten dem auch ausgesetzt war, habe ich durchsetzen können, dass der Umgang eingeschränkt wurde. Was mir nun Sorge macht, ist das meiner Meinung nach unsoziale Verhalten meines Sohnes. Er hat zwar Freunde, mit denen er spielt und auch in der Schule zusammen ist, aber er redet in deren Abwesenheit schlecht über sie. Selbst wenn ich mit eigenen Augen sehen kann, wie sie gemeinsam lachen und Spaß haben, beklagt er sich anschließend über die Dummheit seines Freundes, dass er noch nicht mal dies und das kann oder hat (Eva, 37, geschieden).
Antwort: Sollte sich im Hintergrund der Problematik Ihres ehemaligen Partners eine Borderline-Störung oder Persönlichkeitsstruktur befinden, müssen Sie davon ausgehen, dass damit auch eine massive Unfähigkeit zum selbstverantwortlichen Denken und Handeln verbunden ist. Borderline-Persönlichkeiten neigen dazu, die Verantwortung für ihre persönlichen Defizite (Bedürfnisse zu artikulieren, zu kritisieren, Kritik anzunehmen) ihren Bezugspersonen zuzuschreiben. Sie neigen dazu abzuspalten, was sich vor allem dadurch zeigt, dass sie für alles, was sie an sich wahrnehmen, ihr

Gegenüber verantwortlich machen („Ich habe Angst, also machst du mich ängstlich"). Wenn eine Borderline-Persönlichkeit in zwischenmenschlichen Kontakten einen Wunsch, ein Anliegen oder eine Bedürftigkeit entwickelt, ist sie nur selten in der Lage, dies adäquat zu vermitteln. Oft ergibt sich das aus der Angst heraus, dafür zurückgewiesen oder kritisiert zu werden, oder aber aus dem mangelnden oder gänzlich fehlenden Vertrauen in die eigene Selbst- und Fremdwahrnehmung. Betroffene sind so häufig eher bereit, frustrierende Situationen zu ertragen, als dass sie sich konfrontieren. Trotz ihrer mangelnden Frustrationsfähigkeit tolerieren sie oft Unerträgliches, nur um sich nicht dem Risiko einer Auseinandersetzung stellen zu müssen. Jeder Konflikt birgt auch das Risiko der Zurückweisung in sich, sodass der/die Betroffene nach einem reinen kindlichen Überlebensprinzip handelt.

Mit dem Übertragen der Verantwortlichkeit auf andere („Die sind schuld, weil ich ..."), kann sowohl das selbstverantwortliche Handeln als auch die Angst davor abgewehrt werden. Die sich aber in solchen Momenten aufbauende Spannung braucht Resonanz und Bestätigung. Und so sucht eine Borderline-Persönlichkeit im Anschluss an den für sie unbefriedigenden Kontakt eine „reflektierende" Person, die sie sowohl in ihrer Wahrnehmung, als auch in ihrem Verhalten bestätigt. So kann sie sich von jeder Verantwortung und auch der erlebten Anspannung befreien. Diese Person muss dann aber auch den Erwartungen der Borderline-Persönlichkeit entsprechen, d. h. sie so reflektieren, wie diese es wünscht. Tut sie das nicht, wird sie oft ebenso abgewertet („Bist du nicht für mich, bist du gegen mich"). Aus Schutz vor diesen Abwertungen neigen viele Partner dazu, die geforderten Reflektionen zu geben, ohne dabei authentisch zu sein und ehrlich zu spiegeln.

Kinder lernen grundsätzlich vom Verhalten ihrer Bezugspersonen, was im Umgang miteinander angemessen ist und was nicht. Wie Sie schreiben, war Ihr Sohn bis zu seinem achten Lebensjahr im täglichen Kontakt mit seinem Vater. Dabei hat er sowohl dessen Verhalten, als auch dessen Interaktionen wahrnehmen können. Auch die Umgangsformen zwischen Ihnen und Ihrem ehemaligen Partner haben Ihrem Kind vermittelt, wie man sich durchsetzt, auseinandersetzt oder Konflikte bewältigt. Wahrscheinlich hat sich aus seinen Beobachtungen nun für ihn die Schlussfolgerung ergeben, dass es angemessen ist, sich über andere „auszulassen".

Um derartiges Verhalten nicht weiter zu fördern, ist es zwar wichtig, dass Sie Ihrem Sohn vermitteln, dass sein Verhalten nicht hilfreich ist, dies ist aber bei Weitem nicht ausreichend. Das, was letztendlich zum selbstverantwortlichen Handeln, also auch zur Kontakt- und Konfliktbereitschaft befähigt, ist ein stabiler und bewusster Zugang zu sich selbst, also Selbst-Bewusst-Sein. Dies ist ein Prozess, der viele Facetten beinhaltet. Das unbedrohliche Spüren und Ausdrücken von Emotionalität und Bedürftigkeit, das Wissen um stabile

Zuwendung und Anerkennung – auch bei Fehlverhalten, die Toleranz der Individualität des Kindes – es darf anders sein ...
Leben Sie Ihrem Sohn angemessenes Verhalten vor. Kritisieren sie andere (auch seinen Vater) nicht in Abwesenheit der betreffenden Person. Vertreten Sie gewaltfrei Ihre eigenen Grenzen und Wünsche und regen Sie auch Ihr Kind dazu an. Kritisieren Sie Ihr Kind angemessen (sein Verhalten und nicht seine Person) und lassen Sie sich auch von ihm kritisieren. Er wird dadurch lernen, wie erfüllend, unabhängig und stark es sich anfühlt, für sich einzustehen. Die Frustrationen, die sich auch aus dem Erleben der Ohnmacht, des Ausgeliefertseins und des Nichtdazugehörens ergeben, bleiben aus. In der Konsequenz wird Ihr Kind an Selbstvertrauen gewinnen und so auch in der Lage sein, sich selbstbewusst auf Kontakte und Konfrontationen einzulassen.

Frage: Vor etwa einem Jahr habe ich mich von meiner Borderline diagnostizierten Partnerin getrennt. Unsere gemeinsame Tochter (9) lebt bei ihrer Mutter, da ich beruflich ständig unterwegs bin und die Betreuung nicht absichern könnte. Insofern kann ich Julia auch nicht regelmäßig sehen. Wenn sie dann aber doch eines der seltenen Wochenenden bei mir verbringen kann, ist sie unglaublich unruhig und angespannt. Ständig will sie ihre Mutter anrufen, sie schickt ihr SMS und ist erst beruhigt, wenn sie ein Feedback bekommt, was aber auch oft ausbleibt. Dann ist sie kaum noch ansprechbar und will wieder nach Hause. Was ich dabei nicht verstehe, ist, dass es zwischen den beiden eigentlich extreme Spannungen gibt. Julia meinte einmal sogar, dass sie ihre Mutter hasse und nicht mehr bei ihr sein will. Wie kommt es zu dieser, meiner Meinung nach übertriebenen Kontaktsuche und Besorgnis von Julia, obwohl sie ja ihre Mutter eigentlich ablehnt? Mittlerweile entstehen aus diesen Situationen heraus auch in unserem Kontakt immer mehr Anspannungen und ich weiß nicht, wie ich damit umgehen soll (Christian, 47, getrennt).
Antwort: *Borderline-Mütter neigen dazu, mit ihren Kindern zu verschmelzen und so ihre Identität über die Rolle als Mutter, als auch über das Kind direkt zu definieren. Mit neun Jahren ist Ihre Tochter in ihrer Existenz aber auch altersmäßig noch von seiner Mutter abhängig. Kinder sichern sich generell ihr Überleben dadurch, dass sie ihre Bezugspersonen zur Zuwendung motivieren. Insofern versuchen sie beständig so zu sein, wie diese es erwarten, wünschen oder einfordern. Kinder stellen Ihre Eltern nicht infrage und vertrauen deren Reflektionen bedingungslos. Im Verlauf zahlreicher Projektionen, Ab- und Aufwertungen, Nähe und Distanzen hat Ihre Tochter nun immer wieder vermittelt bekommen, unzureichend und mangelhaft oder aber auch machtvoll und die einzige Retterin zu sein. Ein höchst emotionales Hin und Her, welches letztendlich dazu führt, dass die Konzentration des Kindes sich*

immer mehr auf die Reaktionen und das Empfinden der Borderline-Bezugsperson richtet. Da es sich durch die instabilen Zuwendungen ständig in existenzieller Gefahr befindet, kann es nicht zur Ruhe kommen und sich auf die eigene Entwicklung konzentrieren. Es bleibt in der Verschmelzung gefangen und lernt, sich und seine Existenz ebenfalls über den Zustand der Mutter zu definieren.

Die ausgelebte Symptomatik einer Borderline-Persönlichkeit sorgt ja letztendlich dafür, dass sich deren Selbstbild – nicht zu sein – auch auf ihre Kinder überträgt. In zahlreichen zerstörerischen Situationen hat Ihre Tochter aus reinem Selbstschutz Übergriffe zulassen müssen, um eine größere Bedrohung abzuwenden. Jedes Mal ist sie dabei aber gezwungen, sich gegen die eigene Emotionalität, gegen ein eigenes Bedürfnis zu entscheiden. Sie musste zulassen, dass sich ihre Mutter in ihrer grenzenlosen Bedürftigkeit immer wieder über sie stülpt und jeden Funken individueller kindlicher Existenz auslöscht. Der Sinn des Lebens besteht im Leben. Das Kind lebt und lernt: „Sei wie ich - lebe nicht!" Es spürt den Mord an seiner Seele. Auch wenn Kinder sich emotional abtöten, um ihre Hoffnungslosigkeit, ihre Angst und ihren Schmerz nicht fühlen zu müssen, bleiben doch alle erlebten Emotionen aktiv und bieten mit der Zeit die Grundlage für einen gelebten oder ungelebten Hass.

Es ist unmöglich für ein Kind, sich aus diesem schizophrenen Dilemma zu befreien. Jeder Versuch sich zu lösen oder zu behaupten, hat vernichtende Konsequenzen. Dazu zählt auch der eigenständige Wunsch eines Kindes, im Kontakt zu seinem Vater sein zu können, der aber nach einer Trennung oft massiv abgelehnt wird. Wenn die Mutter keinen Kontakt haben will, darf das Kind dies auch nicht. Dessen Eigenständigkeit wird für die Borderline-Mutter zur Bedrohung. Häufig werden dem Kind, wenn es von seinem Wunsch nicht abkommt, unerträgliche Schuld- und Schamgefühle impliziert. Emotionale Erpressung ist ein Hauptbestandteil der Borderline-Kommunikation: „Wenn du nicht …, dann geht es mir schlecht, werde ich krank, leide ich, bin ich einsam und hilflos, muss ich sterben."

Gerade wenn Ihre Tochter sich bei Ihnen aufhält und sich somit der mütterlichen Kontrolle entzieht, ist die Situation für die betroffene Mutter besonders bedrohlich. Um sich den Zugriff, bzw. die Kontrolle auf das Kind zu sichern, können diesem dann subtile Botschaften vermittelt werden, die ihm suggerieren, dass sein Weggehen furchtbare Konsequenzen für die Mutter haben wird, an denen das Kind dann schuld sein wird. Es ist unerträglich für ein Kind, mit dieser erdrückenden Schuldzuschreibung leben zu müssen, vor allem, wenn es die eigene Existenz über die der Mutter definiert. Es ist also sehr wahrscheinlich, dass das Kontaktbemühen Ihrer Tochter nicht aus einem Bedürfnis nach Kontakt resultiert, sondern reiner Angst entspringt.

Der Tochter eines meiner Klienten wurde von der betroffenen Mutter klar vermittelt, dass diese bei jedem Weggehen des Kindes schwer krank und dass sie daran auch wohl sterben werde. Auch dieses Kind versuchte, durch Telefonate oder SMS seine Mutter zu erreichen, um seine unerträgliche Angst zu lindern. Oft ignorierte die Mutter das Kontaktbemühen der Tochter, ging nicht ans Telefon oder beantwortete die verzweifelten SMS nicht. So sicherte sie sich nicht nur die bedingungslose Aufmerksamkeit des Kindes, sondern auch den Einfluss auf die Gestaltung der Zeit mit dem Vater und einen nachhaltigen Eindruck der emotionalen Bestrafung durch unerträgliche Angst und Anspannung, der das Kind dann ausgesetzt war.

Schaffen Sie klare Regeln! Legen Sie schriftlich fest, dass es an den gemeinsamen Wochenenden keine Kontakte zur Mutter geben wird, oder diese ausschließlich über eine dritte Person oder Sie erfolgen. Wenn Sie klar wahrnehmen, dass durch direkte Kontakte mit der Mutter sowohl das Kind als auch ihr Zusammensein leidet, ist Ihr Handeln gefordert. Reden Sie mit Ihrer Tochter, ohne sie dabei auszuhorchen oder zu verhören. Zeigen Sie, wie es Ihnen mit dem geht, was sie wahrnehmen. Fragen Sie, wovor sie Angst hat und wie es ihr geht. Sein Sie einfühlsam und bewerten Sie das Verhalten der Mutter nicht. Da ihre Tochter dazu neigen wird, die Mutter zu schützen, könnte es sein, dass sie sich dann zurückzieht. Wenn Ihr Kind Vertrauen zu Ihnen aufbauen kann, wird es sich mit seinen Befürchtungen und Ängsten öffnen können, sodass Sie es unterstützend begleiten können.

Frage: Ich lebe seit einem Jahr von meiner ehemaligen Partnerin getrennt, unsere Scheidung steht kurz bevor. Wir haben eine siebenjährige Tochter, mit der ich im Rahmen des Wechselmodells Umgang habe, d. h., sie lebt anwechselnd eine Woche bei ihrer Mutter und eine Woche bei mir. Bis vor kurzem hatte ich noch einen guten Zugang zu dem Kind, auch wenn es immer wieder etliche Schwierigkeiten gab und es sehr viel Mühe kostete, wenn Sie die ersten Stunden oder Tage bei mir war. Ich hatte auch den Eindruck, dass sie mir vertraut und sich wohl bei mir fühlt. In letzter Zeit hat sie aber angefangen, sich von mir zurückzuziehen. Sie mag kaum noch mit mir reden oder etwas unternehmen. Vor wenigen Tagen, als sie mit ihrer Mutter telefonierte, hörte ich, dass sie ihr sagte, dass ich sie schlecht behandeln würde und auch so ganz böse zu ihr wäre. Mich hat das sehr getroffen. Ich habe versucht mit ihr zu reden und wollte wissen, warum sie lügt, aber sie hat sehr bockig und frech reagiert und wollte nicht mit mir reden. Habe ich etwas falsch gemacht? Ich bin mir keiner Schuld bewusst und war nie böse zu ihr. Warum lügt sie so (Matthias, 42, getrennt)?

Antwort: Wie bereits in der vorhergehenden Antwort liegt die Ursache für das „Lügen" Ihrer Tochter in der Verschmelzung mit der Mutter. Welche Konsequenzen hätte es für das Kind, wenn es seiner Mutter offenbaren würde, dass sie viel Spaß mit dem Papa hätte, sich bei diesem wohl und geborgen fühle und gern bei ihm ist? Versuchen Sie, sich in Ihr Kind hineinzuversetzen und sein Dilemma zu erspüren. Wäre es ehrlich, würde es mit massiven Bestrafungen rechnen müssen. Sagt es jedoch, was die Mutter hören will („Ich hasse ihn, also hasse du ihn auch – sei wie ich"), wird es der Bestrafung entgehen und vielleicht noch belohnt werden.

Das Verhalten Ihrer Tochter richtet sich nicht gegen Sie, auch wenn dies für Sie den Anschein hat. Ihr Kind versucht einfach mit seinen ihm zur Verfügung stehenden Möglichkeiten mit dem Dilemma zu leben.

Trotzdem kann dieses Verhalten Konsequenzen haben, die sowohl Ihnen als auch dem Kontakt zum Kind und so auch dem Kind selbst schaden. In Sorge- und Umgangsrechts-streitigkeiten können die Aussagen Ihrer Tochter durchaus dazu genutzt werden, Ihnen den Umgang zu verweigern oder zumindest zu erschweren. Es ist schwer, hier eine Lösung zu finden, denn das Aufgeben des Lügens wird schmerzhafte Konsequenzen für Ihre Tochter haben, vor der Sie sie nicht bewahren können. Auf jeden Fall ist es wichtig, dass Sie mit Ihrer Tochter reden und ihr mitteilen, wie es Ihnen mit den Lügen geht - und auch, welche Angst Ihnen das macht. Vorsicht! Achten Sie darauf, emotionale Erpressung zu vermeiden („Wenn du nicht aufhörst, zu lügen, darfst du nicht mehr zu mir kommen"). Versuchen Sie gewaltfrei zu kommunizieren und dabei die nötige Klarheit in Form einer klaren Regel („Keine Lügen!") einfließen zu lassen. Machen Sie sich Notizen zu den gemeinsamen Kontakten und gegebenenfalls auch zu den Aussagen Ihrer Tochter und den begleitenden Situationen. Vielleicht haben Sie auch die Möglichkeit, Mithörer eines solchen Telefonates als Zeugen zu gewinnen. Überlegen Sie mit dem Kind gemeinsam, wie sich das Dilemma angehen lässt. Zwischen dem Lügen und dem ehrlichen, nicht tolerierten Feedback kann auch das Schweigen oder die Zurückhaltung stehen. Vermitteln Sie Ihrem Kind, dass es nicht alles sagen und erzählen muss, wenn es das nicht möchte. Handeln Sie selbst so, wie sie es von Ihrem Kind erwarten, d. h. setzen Sie es nicht unter Druck, benutzen Sie es nicht als Informationsquelle und bleiben Sie zugewandt, wenn Ihre Tochter von glücklichen Momenten mit der Mutter erzählt. Freuen Sie sich mit ihr über das, was sie erleben durfte. Achten Sie selbst auf Ihren Umgang mit Lügen. Ihre Tochter braucht gerade hier eine stabile Bezugsperson, die in der Lage ist, Verantwortung zu tragen, ohne sie an andere abzugeben.

Grundlegend sollten Sie im Kontakt, in der Annäherung an ihr Kind und Ihrem Bemühen, dessen Vertrauen zu gewinnen, folgendes beachten: Nehmen sie die Befürchtungen, Sorgen und Ängste Ihres Kindes ernst! Versuchen Sie, die Situationen aus dem Blickwinkel des Kindes zu sehen und bewerten

Sie dessen Empfinden nicht aus Ihrer Sicht der Dinge. Leider verlieren die meisten Eltern in ihrem Erwachsenendasein das Gespür dafür, wie ein abhängiges Kind mit fehlender Orientierung sich, andere und die Welt wahrnimmt. Vor allem dann, wenn eigene Ängste und alte Verletzungen berührt werden, können wir selbst zur Abwehr neigen und bemüht sein, Sachverhalte zu leugnen oder zu verzerren, um uns so nicht mit eigenen unbewältigten Lasten auseinandersetzen zu müssen. Hinterfragen Sie also auch immer, was Ihre Reaktionen auf Ihr Kind mit Ihnen zu tun haben, damit Sie wirklich bei Ihrem Kind sind und es nicht für Ihre innere Auseinandersetzung missbrauchen.

Gehen Sie auch körpersprachlich auf Ihr Kind ein. Sprechern Sie nicht von oben herab mit ihm, sondern gehen Sie entweder in die Hocke oder setzen Sie sich auf Augenhöhe zu ihm. Sie vermitteln so die klare Botschaft, dass Sie es als gleichberechtigt und wahrnehmenswert akzeptieren. Halten Sie seine Emotionen aus. Lassen Sie es z. B. weinen, ohne es dabei zu beschwichtigen oder abzulenken. Reflektieren Sie, was es fühlt. Vermitteln Sie, dass es mit seiner Wahrnehmung und seinem Empfinden in Ordnung ist. Bewerten Sie es nicht. Wiederholen Sie gegebenenfalls einige Aussagen des Kindes und fragen Sie, ob Sie das so richtig verstanden haben.

5. Schluss

Es war die in der Mitte dieses Buches eingebundene Geschichte meines Klienten, die mir den Anstoß zu diesem Buch gab. Seine Ohnmacht, nicht gehört zu werden und sein dringender Wunsch, die Öffentlichkeit zu erreichen, um auf die erfahrenen Missstände aufmerksam zu machen, haben mich motiviert, seinen Erfahrungen Raum zu geben. Ebenso habe ich die zahlreichen Fragen und Probleme betroffener Eltern, mit denen ich gearbeitet habe, eingepasst, um so möglichst vielen Eltern in ähnlichen Situationen eine Orientierung geben zu können.
Natürlich ist es kaum möglich, allen Fragen gerecht zu werden, die sich aus der besonderen Trennungssituation von Eltern mit einem Borderline-Hintergrund ergeben. Die Individualität der Beteiligten, das individuelle System, die Ausprägung der Störung und die Fähigkeit des Partners, auf die Umstände zu reagieren, lassen jeden Fall anders variieren. Dennoch existieren im Verlauf eines Trennungsprozesses immer wieder symptomatische Gemeinsamkeiten, die sowohl von den Beteiligten, als auch von Außenstehenden fehlinterpretiert werden können. Die daraus resultierenden Fehlentscheidungen können sich nur nachteilig auf das involvierte Kind als schwächstes Glied der Familie auswirken.
Es war, ist und bleibt mir wichtig, das oft extreme Leid dieser Kinder mehr in das Bewusstsein der Öffentlichkeit zu rücken. Da das Thema Borderline nach wie vor in allen Bereichen der Gesellschaft mit starken Berührungsängsten verbunden ist, werden die einzelnen Komponenten doch gern immer wieder in umgänglichere „Schubladen" einsortiert. „Beziehungsstreitereien", „gewalttätiger Vater", „überforderte Mutter" sind einige solcher gern benutzten Zuordnungen, die den Kern der Sache nicht einmal im Ansatz treffen. Wenn dann daraus Fehlentscheidungen entstehen, wie in der Geschichte des Herrn T., gerät der Helfer selbst in Bedrängnis. Er hat dann nur noch die Chance, seinen Fehler einzugestehen oder fortzusetzen. Ist er dabei in ein System eingebunden und widerspricht mit seiner Fehlerkorrektur den Interessen anderer involvierter „Helfer", kann ihm dies durchaus erschwert oder unmöglich gemacht werden. Oft nötigt der reine Selbsterhalt zum Verbleib im System, sodass Entscheidungen nicht revidiert werden. Ein unter Umständen tödliches Drama für das Kind, das vielleicht körperlich am Leben bleibt, aber innerlich stirbt.
Borderline ist Chaos, Zerrissenheit, fehlende Orientierung, Angst, Ohnmacht und Haltlosigkeit. Wer sich auf dieses Thema einlässt oder involviert wird, kann dem ebenso ausgesetzt sein. Die Angst vor Kontakt mit allem, was diese Störung ausmacht, berührt jeden in uns so tief, weil wir gnadenlos

mit unseren eigenen Ängsten und Werten, mit unserer eigenen Stabilität und Wahrnehmungsfähigkeit konfrontiert werden. Je defizitärer Helfer selbst sind, desto mehr werden sie dazu neigen, das Problem zu „verharmlosen" oder zu ignorieren.
Kein Kind sollte den Preis für die Blindheit und Angst der Erwachsenen zahlen müssen!

Manuela Rösel

Berlin, April 2010

Liste resilienter Strategien

- Lesen Sie mit Ihrem Kind altersentsprechende, fantasievolle Bücher (z. B. von Astrid Lindgren oder Otfried Preußler). Erzählen Sie Ihrem Kind, welche Bilder und Gefühle in Ihnen beim Lesen entstehen. Ermuntern Sie Ihr Kind, einzelne Szenen nachzuerzählen und zu beschreiben, wie es sich die Details und Figuren der Geschichte vorstellt. Stellen Sie dazu Fragen, wie z. B: „Welche Figur gefällt dir, welche nicht und warum? Wer wärst du, wenn du in dieser Geschichte mitspielen würdest? Was würdest du anders machen?" Bewerten Sie die Antworten nicht, sondern gehen Sie liebevoll reflektierend auf die Gefühle des Kindes ein, die es dabei zeigt.
- Ermöglichen Sie Zugang zu Geschichten, in denen die Hauptdarsteller sich aus ihrer eigenen Welt in eine andere Welt hineindenken oder träumen. Sehen Sie mit Ihrem Kind je nach Altersklasse entsprechende Filme an. „Die unendliche Geschichte", oder „Der König von Narnia" ermöglichen den Hauptdarstellern z. B. den Rückzug aus der Realität in eine wundersame, emotionale, lebendige Welt, die erobert werden kann und dem Kind letztendlich vermittelt, dass es in dieser Welt bestehen kann.
- Bewegen Sie sich mit Ihrem Kind viel in der Natur. Schärfen Sie seine Sinne und seine Wahrnehmung. Lassen Sie es den Regen riechen, Matsch fühlen, Wind und Sonne auf der Haut spüren. Fördern Sie sein Empfinden, mit der Natur (der Welt) eins zu sein und in ihr Geborgenheit zu erfahren.
- Schaffen Sie mit Ihrem Kind eine imaginäre Figur. Eine liebevolle Märchengestalt, eine imaginäre Oma, ein „Zaubertier". Denken Sie sich gemeinsam Attribute dieser Figur aus. Wie sieht sie aus, wie bewegt sie sich, was macht sie? Achten Sie darauf, dass diese Figur Verhaltensweisen zeigt, welche die Defizite des Kindes auffangen können. Sie sollte Geborgenheit, Stabilität und Sicherheit vermitteln.
- Wählen Sie einen Stern aus, den das Kind leicht allein wieder entdecken kann. Geben Sie ihm gemeinsam einen Namen. Denken Sie sich Geschichten zu diesem Stern aus.
- Erforschen und entdecken Sie mit Ihrem Kind einen realen oder auch rein imaginären Ort, an dem es sich am sichersten fühlt. Eine Höhle, ein Baumhaus, eine Insel, der Mond - der Fantasie sind keine Grenzen gesetzt, alles ist möglich. Lassen Sie das Kind beschreiben, wie es dort aussieht, wie es sich anfühlt und riecht. Gehen Sie mit Ihrem Kind an diesen Ort. Während es sich vorstellt dort zu sein, streicheln Sie es, geben Sie ihm Ihre Wärme und Nähe. Es sollte Sicherheit und Geborgenheit mit der Vorstellung des geschützten Raumes verbinden und jederzeit abrufen können.

- Schenken Sie Ihrem Kind ein besonderes Kuscheltier. Nehmen Sie es mit, wenn Sie mit dem Kind entspannte, fröhliche Stunden erleben. Geben Sie einen Hauch Ihres Parfüms oder Aftershaves auf das Tier, damit das Kind Sie riechen kann, auch wenn Sie nicht da sind.
- Sorgen Sie dafür, dass Ihr Kind möglichst vielen Personen begegnen kann, die es nicht als bedrohlich wahrnimmt und zu denen es Vertrauen haben kann.
- Besprechen Sie eine Kassette oder CD mit den Lieblingsgeschichten Ihres Kindes. Sprechen Sie dabei entspannt und ruhig.
- Malen Sie mit Ihrem Kind! Z. B. ein Haus. Stellen Sie sich mit dem Kind die Räume darin vor und richten Sie diese gedanklich ein. Lassen Sie dort geliebte und vertraute Personen, Märchenfiguren, oder Tiere wohnen, bei denen das Kind jederzeit willkommen ist.
- Schenken Sie Ihrem Kind ein „Lebenskästchen". Hier werden kleine Erinnerungsstücke an angenehme Erlebnisse hinterlegt. Fotos, Steinchen aus dem Urlaub, Muscheln, Kinokarten...
- Schenken Sie Ihrem Kind Aufmerksamkeit! Und zeigen Sie ihm so oft es nur geht, dass es mit dem, was es fühlt, in Ordnung ist! Sollte es sich im Umgang mit seiner Emotionalität hilflos zeigen, unterstützen Sie es dabei, sich angemessen zu äußern, ohne dabei jedoch sein Fühlen zu kritisieren. Nicht das Kind und sein Empfinden sind „mangelhaft", sondern allenfalls die Art und Weise des Ausdrucks.

Begriffserklärungen

Abspaltung
Bei der Abspaltung handelt es sich um eine Unterbrechung in der Funktion des Bewusstseins. In den ersten Lebensmonaten eines Menschen, in dem das Bewusstsein noch nicht entwickelt ist und das Kind noch rein bildhaft und emotional erlebt, ist dieser Mechanismus lebensnotwendig. Der Säugling definiert sich über seine Mutter und verschmilzt symbiotisch mit ihr. Er ist seine Mutter und die Mutter ist er selbst. Geht es ihm schlecht, ist die Mutter schlecht, geht es ihm gut, ist die Mutter gut. Wir sind eins. Dieser Mechanismus bewahrt das Kind vor dem permanenten Stress des Abgetrenntseins und dient so dem Überleben des Kindes. Wird dieser Mechanismus nicht überwunden, kann es dazu kommen, das eigene Anteile (Gefühle, Verhalten) an anderen wahrgenommen werden, da diese ja als eigenes Selbst erlebt werden. Sie werden dann für das eigene Erleben verantwortlich gemacht (Schwarz-Weiß-Denken).

Ausagierendes Verhalten
Eine Verhaltensweise, bei der innere Spannungszustände nach außen (Personen oder Gegenstände) abgegeben werden. In der Borderline-Problematik ist damit das Ausleben von Wut und Aggressivität gemeint, welche sich oft im Zusammenhang mit Gewalt, Herabsetzung und verbaler Misshandlung gegen enge Bezugspersonen richtet.

Gewaltfreie Kommunikation
Entwickelt von M. B. Rosenberg. Eine Kommunikationsform, die keine Technik sondern eher eine Lebenseinstellung wiedergibt. Sie basiert auf Empathie, sowohl mit sich selbst, als auch mit anderen und bringt Gefühle und Bedürfnisse so zum Ausdruck, dass dabei eine zwischenmenschliche Bindung entstehen kann oder erhalten bleibt. Dabei ist diese Form der Kommunikation ehrlich, authentisch und vor allem selbstverantwortlich. Die vier Schritte der GfK bestehen aus Situation, Gefühl, Bedürfnis, Strategie/Bitte.

Projektion
Während einer Projektion wird ein verdrängtes inneres Motiv (Gefühle, Werte, Wünsche, Moralnormen) nach außen (auf eine andere Person) verlagert. Projektionen vermeiden so das selbstverantwortliche Auseinandersetzen mit inneren Motiven und „schützen" vor Ängsten und Konflikten im Erleben der eigenen Person und der Umwelt. Bsp.: Die unsichere Frau konfrontiert ihren Partner mit der Aussage: „Du siehst heute wirklich furchtbar aus." Nimmt dieser die Projektion an, fühlt er sich selbst unsicher. Nun ist es der Frau

möglich, die eigene Unsicherheit an ihrem Partner zu erkennen, sich dadurch reflektiert zu sehen oder das eigene Gefühl an diesem zu bekämpfen (unsicher sein ist falsch - du bist falsch). Das Bild der eigenen Person wird so auf eine Andere projiziert. Die Grenze zwischen dem Ich und dem Du wird dabei aufgehoben.

Resilienz
Der Begriff stammt aus der Baukunde und beschreibt dort die Biegsamkeit von Material. Die Redewendung „biegen statt brechen" umschreibt am ehesten den psychologischen Hintergrund der Resilienz, die sich insbesondere dadurch auszeichnet, unter bedrohlichen Umständen Fähigkeiten zu entwickeln, die trotz aller schädigender Einflüsse Wachstum ermöglichen. Dabei ist Resilienz weitaus mehr, als ein biegsames Anpassen an destruktive Verhältnisse, um ein Überleben abzusichern. Resiliente Verhaltensweisen zeigt der Mensch nicht trotz lebensfeindlicher Umstände, sondern durch sie. Dabei setzen extreme und stressbehaftete Situationen Kräfte in Menschen frei, die sie in alltäglichen Momenten nie entwickelt hätten.

Verschmelzung
Eine Verschmelzung ist ein Ineinandereindringen einer oder mehrerer Komponenten, bei denen sich das Einzelne auflöst und zum Teil eines Ganzen wird. In der zwischenmenschlichen Bindung kennzeichnet der Begriff der Verschmelzung das Aufgeben des Ich (Individualität) für das Wir (Gemeinsamkeit). Dabei handelt es sich um einen äußerst zerstörerischen Bindungsaufbau, der Eigenständigkeit unmöglich macht. Autonomes Verhalten wird dabei als bedrohlich erlebt, da es Verlustängste beim Gegenpart auslösen kann und für das Wir so gefährlich wird. Gefühle, Kognitionen und Verhaltensweisen werden überwiegend nur dann toleriert, wenn sie dem Wir und nicht dem Ich entsprechen. Verschmelzung fühlt sich für ängstliche, bindungsabhängige Menschen oft nah und sicher an und wird daher von diesen auch angestrebt. Letztendlich wird dabei aber nur die frühkindliche, symbiotische Mutterbindung reinszeniert, welche die noch immer ausgeprägten existenziellen Ängste vermeiden soll. In verschmelzenden Beziehungen gibt es weder eine Entwicklung der einzelnen Persönlichkeit, noch Nähe und Intimität. Letztere sind abhängig von reifer unabhängiger Individualität.

Quellenverweise und empfehlenswerte Literatur

Jean Liedloff
„Auf der Suche nach dem verlorenen Glück. Gegen die Zerstörung unserer Glücksfähigkeit in der frühen Kindheit"
ISBN 978-3-3406585876

Thomas A. Harris
„Ich bin o.k., Du bist o.k. Wie wir uns selbst besser verstehen und unsere Einstellung zu anderen verändern können. Eine Einführung in die Transaktionsanalyse"
ISBN 978-3-3499169168

Walter Andritzky
„Verhaltensmuster und Persönlichkeitsstruktur entfremdender Eltern", Psychotherapie 7. Jahrgang 2002, Bd. 7, Heft 2 © CIP-Medien, München

Jürgen Rudolph
„Du bist mein Kind. Die ‚Cochemer-Praxis' – Wege zu einem menschlicheren Familienrecht"
ISBN 978-3-89602-784-9

Autorenangaben

Manuela Rösel

geb. 1961 in Berlin
verheiratet, 2 Kinder
Examen im Bereich Pädagogik und Psychologie
Zertifizierte Begleiterin von Menschen in Krisensituationen
Psychologische Beraterin – Diplom ILS Hamburg

Schwerpunktarbeit:
- ✓ Konfliktmanagement und Kommunikation in allen Lebensbereichen
- ✓ Selbstwahrnehmung, Kommunikations- und Verhaltenstraining für Borderline-Partner und -Angehörige
- ✓ Eltern-Kind-Kommunikation im Hinblick auf ein Borderline-Elternteil

Im Rahmen einer selbständigen Tätigkeit biete ich in meiner Praxis in Berlin-Friedrichshain neben individuellen Beratungen auch Seminare zur Thematik an. Sollten Sie Interesse an einer direkten oder telefonischen Beratung haben, dann erreichen Sie mich unter:
www.mr-coaching.de
info@mr-coaching.de

oder direkt in meiner Praxis:
Coaching und Beratung - Manuela Rösel
Scharnwebertraße 23/Büroetage
in 10247 Berlin - Friedrichshain
Tel.: 030-27 57 19 21

Weitere Titel von Manuela Rösel im Starks-Sture-Verlag:

Manuela Rösel
Mit zerbrochenen Flügeln
Kinder in Borderline-Beziehungen
168 Seiten, broschiert,
ISBN 978-3-939586-09-8, 16,90 €

Kinder in Borderline-Beziehungen wachsen in einer chaotischen Welt auf, die sie immer wieder in unlösbare Konflikte drängt. Sie erfahren sich permanent als mangelhaft und entwickeln in der Konsequenz Schuld- und Schamgefühle sowie die beständige Angst, verlassen zu werden. Ihr Drang, die Welt zu erobern, zu wachsen und sich dann zu lösen, wird im Keim erstickt. Dieser Prozess ist ein Spiegel dessen, was der Borderline-Persönlichkeit nicht möglich ist. Die „zerbrochenen Flügel" ihres Kindes, bewahren das Borderline-Elternteil vor dem Schmerz, selbst nicht „fliegen" zu können.

Manuela Rösel ist als psychologische Beraterin in Berlin tätig und Autorin des Bestsellers „Wenn lieben weh tut". Sie beschäftigt sich in ihrem neuen Buch mit der zerstörerischen, oft leisen emotionalen Misshandlung, der Kinder in Borderline-Beziehungen ausgesetzt sind. Wie erfolgt sie, welche sichtbaren und auch unsichtbaren Spuren hinterlässt sie? Was genau macht sie aus, warum wird Kindern so etwas angetan? Und wie werden ihre Seelen durch diese Misshandlung zerbrochen?

„Mit zerbrochenen Flügeln" zeigt in typischen Fallbeispielen die Konsequenzen für das Leben des Kindes. Menschen, die in einer Borderline-Beziehung aufgewachsen sind, finden sich in Details ihrer eigenen Geschichte wieder und erfahren, dass sie für die erlittenen Misshandlungen nicht verantwortlich sind. Ein unbedingtes Muss auch für Menschen in helfenden Berufen, die diesen Kindern zur Seite stehen, und eine hilfreiche Quelle des Verstehens für Anwälte, Verfahrenspfleger und Richter mit entsprechenden Sorgerechtsfällen. Auf jeden Fall aber auch ein geeignetes Buch für Angehörige, die ihre Borderline-Partner besser verstehen wollen.

Damit Flügel nicht mehr zerbrochen werden.

Lieferbar über den Buchhandel oder direkt vom Verlag
Portofrei und gegen Rechnung unter bestellung@starks-sture-verlag.de
Starks-Sture Verlag, Sonnenstraße 12, 80331 München
www.starks-sture-verlag.de

Manuela Rösel
Wenn lieben weh tut
Ein Kommunikations-Ratgeber für
Partner in Borderline-Beziehungen
144 Seiten, broschiert
ISBN 978-3-9809496-7-5, 16,90 €

Der Bestseller „Wenn lieben weh tut", von Manuela Rösel in 5. Auflage überarbeitet und ergänzt, richtet sich in erster Linie an Partnerinnen und Partner, die sich in einer Beziehung mit einem Menschen mit der Borderline-Persönlichkeitsstörung befinden. Dies stellt für Betroffene immer eine große emotionale Belastung dar, da sie in einen Strudel von Idealisierung und Abwertung geraten sind und oft nicht mehr weiter wissen.

Manuela Rösel, psychologische Beraterin aus Berlin, beschreibt in ihrem Buch Lösungsmöglichkeiten, um angemessen mit dem Partner umzugehen. Dabei beachtet Sie insbesondere die Entwicklung der Selbstwahrnehmung von Betroffenen, denn diese wird in Borderline-Beziehungen zunehmend untergraben. Die Autorin gibt wertvolle Informationen über das typische Verhalten beider Seiten. Sie geht intensiv auf einfühlsame Kommunikation, Grenzsetzung und den Umgang mit charakteristischen Verhaltensweisen, wie doppelte Botschaften, emotionale Erpressung oder Selbstverletzung, ein. Zudem gibt sie Hinweise zur Trennung, sollte diese unumgänglich werden.

Mit dieser Lektüre bekommen Sie effektive Werkzeuge in die Hand, um das Gefühl der Hilflosigkeit hinter sich zu lassen und neue Wege zu einem konstruktiven Umgang mit sich selbst und dem Partner zu gehen – damit lieben nicht mehr weh tut.

Alle Titel lieferbar über den Buchhandel oder direkt vom Verlag
www.starks-sture-verlag.de

Manuela Rösel
Borderline verstehen
Ursachen und Verhaltensmuster erkennen - richtig reagieren mit Hilfe der Transaktionsanalyse
176 Seiten, broschiert
ISBN 978-3939586197, 16,90 €

„Borderline verstehen", der neue Ratgeber von Manuela Rösel, der Autorin des Bestsellers „Wenn lieben weh tut", bietet ein leichtes Verstehen von hoch komplizierten Verhaltensweisen, für die es bisher keine oder nur unzureichende Erklärungen gab.

Das Buch enthält eine gut strukturierte Einführung in die Transaktionsanalyse und ermöglicht dem Leser, mit diesem Wissen nahtlos in die unterschiedlichsten Facetten der Borderline-Störung einzutauchen. Dabei werden - belegt durch zahlreiche Beispiele - sowohl die Ursachen dieser Persönlichkeitsstörung aufgezeigt als auch typische symptomatische Verhaltensmuster Betroffener dargestellt.

Angehörige und Partner von Borderline-Persönlichkeiten erhalten nicht nur neue Orientierungs- und Differenzierungsmöglichkeiten, sondern auch wertvolle Hilfestellungen, die es ihnen ermöglichen, wesentlichen Einfluss auf ihr eigenes Leid und das der Betroffenen zu nehmen - und somit das eigene Ich zu stärken und zu stabilisieren.

Auch für Therapeuten ist dieses Buch von Manuela Rösel, das aus dem reichen Schatz ihrer langjährigen praktischen Erfahrungen im Umgang mit Betroffenen schöpft, ein wertvoller und unentbehrlicher Ratgeber.

Verstehen kann der erste Schritt auf dem Weg des Miteinanders sein.

Alle Titel lieferbar über den Buchhandel oder direkt vom Verlag
www.starks-sture-verlag.de